投资大师
经典译丛

与狼共舞

股票、期货交易员持仓报告（COT）揭秘

拉瑞·威廉姆斯（Larry Williams）◎著

益　智◎主译

上海财经大学出版社

WILEY

图书在版编目(CIP)数据

与狼共舞:股票、期货交易员持仓报告(COT)揭秘/(美)威廉姆斯(Williams,L.)著;益智主译.—上海:上海财经大学出版社, 2016.1

(投资大师·经典译丛)

书名原文:Trade Stocks & Commodities with the Insiders:Secrets of the COT Report

ISBN 978-7-5642-2305-2/F·2305

Ⅰ.①与… Ⅱ.①威…②益… Ⅲ.①股票交易-基本知识②期货交易-基本知识 Ⅳ.①F830.9

中国版本图书馆 CIP 数据核字(2015)第 294663 号

□ 责任编辑　李成军
□ 封面设计　张克瑶

YU LANG GONG WU

与 狼 共 舞
——股票、期货交易员持仓报告(COT)揭秘

[美]　拉瑞·威廉姆斯　　著
　　　(Larry Williams)

益　智　主译

上海财经大学出版社出版发行
(上海市武东路 321 号乙　邮编 200434)
网　　址:http://www.sufep.com
电子邮箱:webmaster @ sufep.com
全国新华书店经销
上海华教印务有限公司印刷装订
2016 年 1 月第 1 版　2016 年 1 月第 1 次印刷

710mm×960mm　1/16　16.25 印张(插页:1)　269 千字
印数:0 001—4 000　定价:49.00 元

图字:09-2007-825 号

译者序
——威廉姆斯又来了

认识拉瑞是 2001 年的阳春四月,《上海证券报》的老友告诉我,著名技术分析指标之一——威廉指标(W&R)——的发明人,拉瑞·威廉姆斯要来上海做报告,问我愿不愿意做翻译,会余时段开车带他兜兜上海滩,并且还能免费参与据说收费16 000元/人的标准普尔 500(S&P500)指数期货的 10 万美元实盘操作。当时我已经脱产在读上海财经大学的博士研究生,应该算个闲人,能与国际著名投资大师长时间近距离交流,即使没有那么多的优惠,我也会趋之若鹜的。那时上证综指正在向2 245的阶段性高点进军,市场中弥漫着乐观的浮躁人气,股指期货的推出也在探讨中,各路资本势力空前活跃,作为最早参与美国股指期货并且基业长青的拉瑞,当然受到了极大的关注。之后在《上海证券报》一个专版的照片上,大家可以看到我坐在拉瑞身后,很专注地看着他期海冲浪,记得他用的是 RSI 和 WR 结合的方法判断多空开仓方向。由于美盘开市的时候是上海的晚上,所以当午夜休市大家困乏的时候,拉瑞教了我一招橡皮筋解套的小魔术(就是中央电视台2009 年春节联欢晚会魔术节目里的第一个练手项目),并且似乎意味深长地说,投资就是变魔术。那天交易拉瑞开了一个多头敞口头寸,等他到了美国,我毛估测算了一下问他那单是不是赚了 10 万美元,他得意地回答:"不,是 20 万。"那次会议他带来了第一本中译本著作《短线交易秘诀》(*Long-Term Secrets to Short-Term Trading*),原来实际上

1

他并不那么短线!

拉瑞离开上海之后,继续周游列国,著书立说。我们通过电子邮件断断续续地交流,我对他的了解和友谊也在不断加深。而中国的股市则在当年 6 月之后就谁也开心不起来了,漫漫熊途一直延续到 2005 年,其间多少英雄豪杰灰飞烟灭,甚至当时的会议赞助券商都已经破产重组更名了。

2006 年 9 月 8 日,中国金融期货交易所在上海成立,旨在要推出股指期货。这时我已经在浙江工商大学教了将近三年书,我很激动地对我那些很好学的学生们说:"我和你们差不多大的时候,1990 年 12 月 19 日,上海证券交易所成立,而这完全改变了我们这一代青年的命运;现在你们准备好了吗?"几乎同时我就想到了股指期货交易的前辈巨擘拉瑞了,考虑到股指期货的推出会有一段准备时间,我提议将他 2005 年的新书《与狼共舞》翻译成中文,以作为汉语读者的知识准备。为了有进一步的合作,我和几个朋友于 2007 年春节时去了当时他所在的悉尼拜访,可惜他另有事务羁绊未能谋面。似乎托了大师的福,回国后中国股市一路上扬,上证综指从 2 000 多点不惧重重压力,一路涨到年尾的 6 100 多点,而 2008 年,受国内外各种因素的影响,上证指数又最低跌到 1 600 多点。在这样史无前例的动荡环境下,翻译的进度可想而知。所幸大师非常宽容,在我不断说明希望在我国股指期货推出之前完稿的借口中,大师并未深究,而我的愿望居然实现了。只可惜各路备战股指期货的英豪们要有一段时间无用武之地了,但愿别像燃油税的推出那样要等十几年。

作为世界顶级的基金经理和投资专业畅销书作家,拉瑞是个非常睿智的人,他的语言诙谐幽默,一针见血,并且通常语带双关,又因为涉及许多专业术语,的确考验了我们的翻译技巧。就拿书名中的"Insiders"一词,通常都会被理解成"内幕交易者",而事实上拉瑞指的是美国商品期货交易委员会(CFTC)所发布的交易员持仓报告中的"Commercials",即相对于投机者而言的商品实际供应者和使用者,或曰套期保值者,他们是基于商品的供求而进入期货市场的,是市场的内部人,是强有力的参与者,可以比作丛林法则环境中的群狼,因此我们译为《与狼共舞》,但我们也不能完全排除作者是否又有内幕交易者的意思,毕竟"Insiders"掌握着更多的信息,他们是否依靠这些信息非法牟利谁也不能妄断。再拿"Commercials"为例,这显然是个专业术语,日常生活中通常指电视广告,有些专业文章中译为"行业交易商",但我们强调交易的商业用途,同时结合期货交易的习惯,所以认为"商业头寸交易者"更精准些,况且前者回译过去很容易变成"Industrials"。第一章的引子"Commercials are for more than television"就是一个典型的双关语,意思就是"Commercials"这个词并非仅仅指电视上的商业广告,还有下文所指的商业头寸交易者。英文写得很俏皮也很容易理解,但中文就很难全面表达这个含义。

杨绛先生说过,翻译是一项苦差,因为一切得听从主人,不能自作主张,而且是一仆二主,同时伺候着两个主人:一是原著,二是译文的读者。译者一方面得彻底了解原著,不仅了解字句的意义,还须领会字句之间的含蕴,字句之外的语气声调。另一方面,译文的读者要求从译文中领略原文,译者得用读者的语言,把原作的内容按原样表达。我认为翻译专业著作时更难,因为许多普通词语在专业背景中更有其专业意义,比如"hedge"直译是"篱笆"的意思,但在证券金融的环境下就是"套期保值"了,这在现在已经成为常识,但十余年前许多翻译前辈只能音译成"海琴",让许多金融学子们一头雾水,所以专业翻译还要伺候"专业"这个主人,简直是一仆三主。因此,我觉得翻译这本书的差使是做了,但离主人的要求恐怕还有距离。提到钱锺书夫人杨绛,一个堪称精神贵族的机智老太,前两年CPI不断上升的时候有记者采访她,她就很朴素地认为当时20%的存款利息税应该取消,真的是表达了老百姓的心声,但我们的财经高官却充耳不闻,直到前阵子CPI快跌到2%了却令人奇怪地给取消了。他们的心中似乎充满着与市场、与芸芸大众博弈的情结。

在翻译的过程中,我在诸多遣词造句问题上不断地与拉瑞交流的同时,也更加深了对大师的了解。作为早已达到财务自由的"富爸爸",拉瑞的生活丰富多彩,他有五个子女,其中一个女儿米歇尔·威廉姆斯(Michelle Williams),是国际著名女星,曾因在《断背山》中的出色表演而获得奥斯卡奖提名,并在此片中与澳大利亚国际巨星希斯·莱杰(Heath Ledge)相恋结婚并生有一女。荣获奥斯卡奖最佳男主角提名的莱杰,后来又在《蝙蝠侠之黑暗骑士》饰演小丑一角时有出色表演,可惜天妒英才,在2008年1月猝死于寓所,似乎为天象异的2008年做了不祥的预言。拉瑞的儿子詹森(Jason),高高壮壮的,我们在上海研讨会时就有过交往,当时在上海交通大学做英语外教。前些天我问拉瑞,如果我去美国出差,是否能请詹森陪我顺带帮我做翻译?拉瑞回信说,詹森目前不在上海,他现在是美国约翰·霍普金斯大学的医学教授了。这就是个人的全面发展,也是人生的绚丽多姿!

　　拉瑞本人更是如此,他热衷于体育,曾在 1995 年一年内跑完 12 次马拉松,并取得了第 100 届波士顿马拉松赛的资格。他体会到,在长跑过程中,痛苦与煎熬能让一个人精神专注,也能让人分神;就像交易时的专注与分神,从来没有人能够不经训练,就可以成功地交易,或参加这种难缠的比赛。拉瑞还当过拳击手,在被揍得鼻青脸肿的时候,他感到拳击就像市场一样,凡是无法忍受打击的人,绝不会成为顶尖高手,投资高手并非不会遭遇挫折,而是输的时候仍然表现出他们的坚忍和技术,就如同没有哪个拳击冠军脸上不是有许多疤痕的。除了运动,拉瑞也关注政治,他竞选过参议员,并在 20 世纪 90 年代中期应邀检查当时美国第一夫人、现国务卿希拉里的期货交易账户,还发现了许多颇具娱乐效果的内容。

　　尽管有着那么多角色,实际上能让拉瑞名照汗青的还是其投资大师的身份。中国百姓似乎对巴菲特耳熟能详,一方面因为他屡屡登上世界富豪榜的前茅;另一方面则因为他被国人简化的"买入并长期持有"投资理念与模式,既是理财观念的启蒙,也是懒人或者门外汉妄想不劳而获暴富的捷径。谁都知道巴菲特以 70 多岁高龄还在股坛辛勤耕耘,其中的奥秘难道是一次会面或者一顿饭能够解释得清楚的吗? 其实拉瑞也不是中国投资者的陌生人,我们每天看的股票软件里的威廉指标就是他发明的。他是一个敬畏市场每天研究市场的实干家,近半个世纪直到现在,他还在商品股票期货市场里摸爬滚打,在他的官方网站 www.ireallytrade.com 中,记录着他的实战成绩与心得体会,这种勇于直面挑战并将结果公布于众的务实精神,绝对是值得市场评论者学习和敬佩的。同巴菲特一样,他从事证券交易已经远远不是为了生计,而是一份责任,一份信念。实际上巴菲特的长期价值投资哲学是拥有庞大资金的机构投资者在取得一定公司治理控制权之后拥有控制租(Private Benefit of Control)的行为表象,他们严密地关注着经过精挑细选后重仓持有股票的公司,而这个过程一般比较漫长,一旦公司情况有变,他们就会毫不犹豫地卖出。正如巴菲特的旗舰私募基金伯克希尔·哈撒韦公司买入和卖出中石油 H 股一样,每股不到 1.7 港元买入后还一路下跌,几年后 13 元多卖出后立马就涨到 20 元左右。虽然这种情况对于大资金进出是不可避免的,但对于中小散户而言却丧失了宝贵的交易机会,所以巴菲特的投资方法完全不适于处于信息劣势的中小投资者。巴菲特的几百亿只要年赚 10% 就有几十亿的绝对收入,散户的 1 万元本金即使年赚 30% 也就 3 000 元,实在不能当饭吃。

拉瑞的投资哲学不追求终极效应,而是更平民化,他信奉实战,关注资产的交易机会,为中小投资者在挖掘第一桶金时通过刻苦努力钻研市场行为、战胜市场提供了一条希望之路。与所谓的巴菲特式"买入－持有－大赚"的投资模式不同,拉瑞强调要成为成功的投资者,必须要靠能力、态度以及最重要的专注。为了让中小投资者有信心能用小头寸博取高收益,他实盘成功地示范了一年内从1万美元通过股票期货交易赚到110万美元,但在这一年中,他对交易专心投入,心无旁骛,不跑马拉松,不去钓鱼,没有家庭生活。收益率是足够高,但以威廉姆斯的功力投入的精力和牺牲也是足够大了。这表明了唯一的真理:只有通过勤勉、努力得来的专业技术与经验再加上专注的交易,才有可能获得投资的成功,既没有免费的午餐,也不能靠守株待兔取胜。为了鼓励中小投资者通过刻苦钻研技术、专注交易来赚取第一笔可以用巴菲特方法投资的本金,拉瑞曾发起过"百万美元挑战计划"(Million Dollar Challenge),即努力在一年内用1万美元投资赚取100万美元,他的一个在澳大利亚的粉丝因为遵循拉瑞的方法交易大获成功而买了一辆兰博基尼跑车。他的另外一些著作《选股决定盈亏》、《选对时机买对股》(又译为《正确的时间买正确的股票》)都体现了勤勉专业的理念。

可以说拉瑞是一位技术分析大师,但他的技术分析并非完全是历史的交易数据,也融合了许多基本面的因素。作为著名技术分析指标的发明者,他却强调"完美的交易系统或方法并不存在,从前没有,将来也不会有",成功交易只能凭借"扎实的训练,丰富的经验"。他称那些能够解释每个市场的高低起落,详细说明每一次价格上下波动者为"自然法则交易者"(Cosmic Trader),拉瑞近半个世纪的观察与历练证明了他们虽然对过去的解释超人一等,但对未来预测的正确率只有5%,而这就是他们在所有宣传中谈到的胜利。拉瑞告诉我,这类人士的传奇代表人物江恩(Gann)在他自己友人的眼中就是一位在大量自夸中加入几笔赚钱的交易,一位爱吹牛又爱公关的家伙。有趣的是,我国的机械工业出版社前两年出版的世界投资大师系列丛书中把他们俩以及巴菲特、林奇(Lynch)等人的著作放在一起了。对于另一伙人——极度悲观论者,拉瑞也有精辟的评论,指出这些家伙具有极其极端或持续的熊市情节。他告诉我,他从1962年开始就发现这伙人不断发表对美国股市的悲观评论,在这些悲观论者当中,有一位私下告诉他,"对未来感到恐惧,并且相信世界末日很快就要降临的投资群众,是一个很大的市场,我的商机就是去煽风点火,把市场评论卖给这些人比较容易,他们是很容易控制的对象。假如我选股错误,没关系,绩效表现并不重要,重要的是不断强调他们想听的东西"。看看现在中国的市场,确实存在这些人,他们虽然错过了最大的牛市,却迎合投资大众心底对悲观宿命的恐惧,恐吓投资者崩盘或将到来……他们因而大发利市,过着舒适的生活。事实上,我们都明白,长期来看,生活水准和市场指数是越来越好、越来越高,虽然会出现低潮,但并不足以和高潮出现的频率相比,我们实在不必生活在过度的阴暗心态里。拉瑞总结出投机世界的两大谎言:"一是极端持续的熊市情结;二是在某处存在一种有着最准确的市场节奏、规则及框架的完美的交易系统的信念。"拉瑞在此书的中译本序里说,"但是我仍然认为年长的大师知道得更多,这就意味着你们现在将要师从德高望重的大师"。乍一看感觉有些自负,现在我明白了。

在这本书中,拉瑞提出了美国期货市场上的交易员持仓报告指标,该指标是基于拉瑞对于商业头寸交易者(Commercials)与非商业头寸交易者[Non-commercials,包括投机者(Speculators)]划分的制度安排而构建的,意义重大。2008 年 8 月 6 日,美国期货的最高监管机构商品期货交易委员会发布消息说,在调查石油期货价格是否被投机客操纵的调查中有重大发现——一家"超级"石油投机交易商,总共持有高达3.2亿桶的巨额原油期货头寸,相当于近5 000万吨原油。因为潜藏的风险巨大,因此商品期货交易委员会将此家石油交易商从原来的"商业头寸交易者"身份,重新划入"非商业头寸交易者"身份。这家单一交易商身份的重新认定,引起了整个市场结构的重大变化——以往持仓报告中,"非商业头寸交易者"的持仓比例接近38%,而重新"站队"以后,投机交易商的未平仓合约中的持仓比例上升到了 48%。除了修正最新报告以外,商品期货交易委员会还追溯修改了到 2007 年为止的全部市场数据报告。这实际从根本上改变了交易员持仓报告指数的数据,而在 2008 年 7 月中旬前,原油价格一直保持强劲上扬之势,并在当月 11 日创出 147 美元/桶的历史新高,在 7 月 22 日商品期货交易委员会提交的报告还坚称投机活动并未"系统性地"推高油价,能源价格飙升的原因在于供需基本面,而不是投机活动。商品期货交易委员会数据更改后,原油期货价格半年间一路暴跌至 30 美元/桶。这个鲜活的案例告诉我们三件事:一是拉瑞的交易员持仓报告指标的用途和意义有多大;二是期货监管中对不同类型投资者的划分及其持仓数据的定期及时公布的制度安排的重要性,我国的期货监管还没有对此明确划分,期待本书也能作为合理制度演进的推手之一;三是即使有了好的制度安排,也需要对监管者进行严密的监管。来自美国参议院能源和自然资源委员会等的四位议员认为,商品期货交易委员会涉嫌故意采用"有严重缺陷"的数据,需要严肃调查。

　　谈了那么多与赚钱有关的事,但千万别只向钱看,世界上再多的钱都无法取代失去健康的损失。多年前拉瑞的医生告诉他有两种选择:一种是浑身病痛、家财万贯的股票、期货交易员;另一种是赚不少钱,生活更充实、更有意义。拉瑞选择了后者,脱离了刺激的生活方式,到现在他一直是个相当快乐的人。在牛年之首,祝各位读者身体健康,心情愉快,当然,赚不少钱。

上海中大经济研究院院长　益智

于 2009 年 3 月 3 日夜

中译本序

很激动得知我的第二本书被翻译成了中文，并能够与中国的广大读者见面。

与很多美国作家是在北京奥运会时才开始了解中国不同，我第一次访问中国是在1980年，并亲眼见证了中国这28年来的伟大变化。有些巨大变化在当时是很难想象的，其中之一就是我的作品能被翻译成中文并且在中国出版。

然而，我与中国的渊源远深于此，在中国不但有我的许多学生，而且我的儿子也在上海大学教授英语，感谢上帝让我能有三个中美混血的孙子，这一切都加深了我与中国的感情。确实，我的孙子和儿子的中文说得比我流利，但是我相信大家能够想象得出我与中国之间的感情纽带，与那些写股票和期货方面著作的传统外国作者相比，我对中国的情感更加深厚。

我的朋友益智，我称他为 E 博士(Dr. E)，对于本书能翻译成中文并且在中国出版贡献莫大。益智教授是浙江工商大学的经济学教授，我感谢他，如果没有益教授的帮助，没有他对我文章的长期关注，本书就不可能在中国出版发行。我希望你们如果有机会遇到益教授，请代我向他谨致谢意。他花费了大量的时间和精力，我感谢他。

中国的股票和商品交易与其他国家相比差别很大。由于中国的股票不能卖空，中国和美国、澳大利亚、意大利或德国等国家的股票交易方式是不一样的。然而，最终推动股票或商品价格的还是市场上堆积的巨额资金头寸,因为投资者对市场未来的走向有自己的判断。

提到商品期货交易,以我46年的交易经验来看,很明显,那些商品的大客户和生产者以及进行套期保值的人,是市场上真正的超级大机构。他们每个星期都必须将其买卖信息报告给美国政府。

这本书不是关于我个人的,而是关于这些超级大机构的。本书旨在教给大家如何获得他们的买卖信息,如何构建基于这些信息的指标,以及如何从你自身利益的角度去理解和使用这些宝贵的消息,了解超级大机构在市场中是怎么做的。

这些超级大机构也可被视为市场的内部人,本书的目的就是让你们明白市场内部人是怎样运作的,从而使你们的交易可以与他们同进共退。

我已经跟踪研究这些超级大机构差不多半个世纪了,我称他们为商业头寸交易者(因为他们是商品使用者)。我的导师比尔·米汉(Bill Meehan)早在1969年教我关注他们,现在我可以说已经成为跟踪和分析这些信息的祖师爷了(据我所知)。最近也有一些后来者——我的学生们,开始撰写关于交易员持仓报告的分析文章。

我曾鼓励和支持他们,希望他们在这一点上继续努力,但是我仍然认为年长的大师知道得更多。这就意味着你们现在将要师从德高望重的大师,你们将会学到我对这些极具重要意义的市场信息的认识。我希望从中获益,就像过去那么多年一样。它使我在实际的投资中立于不败之地。如果有任何疑问,你可以直接去我的网站看我的实时交易记录,这样你也会知道为什么我的网站被称之为Ireallytrade.com(我真的在交易)了。

请牢记市场不是百分之百地可以准确预测的,如果你们做交易的时候不够小心和仔细,这是很危险的。交易和投资不是一种赌博,我也不是一个赌徒。我是一个投机者,这意味着我会去关注分析过去从而对将来做出判断,并且从中获利。

当你们看完这本书的时候,欢迎大家进入我的世界,在这个世界里我们的确有对未来的观点。绝大多数人生活在过去,苛求自己的行为,但在我的世界里,我们生活在未来,是与将要发生的而不是已经发生的紧密联系在一起的。在这种氛围中,你们将会明白,市场是可预测的并且充满获利机会的。

祝愿各位事业成功并且感谢各位阅读本书。

拉瑞·威廉姆斯
2008年于澳大利亚悉尼

Foreword

I am thrilled to have my second book translated into Chinese and available to my many friends and followers in the People's Republic of China.

Unlike most American authors, my contact with China is not just the Beijing Olympics, far from it, I first visited China in 1980 and have seen first had the significant changes in the last 28 years. Some of these changes I simply could not have imagined back then... one is that my writings would be translated and available!

But my involvement with China goes deeper than that, it goes deeper than having a great number of students in China because, you see, my son taught English at the University of Shanghai and I am blessed to have three Chinese-American grandchildren. True, they and my son are much more fluent in Chinese than I am, but I am certain you can imagine the nexus with China I have. It is much larger, and deeper than the traditional writer on stocks and commodities.

I have been greatly help in this project by my friend Yi Zhi whom I call "Dr. E" as he is an economics professor in China at Zhejiang Gongshang University. Without his work, without his following of my writings this book would never have become a reality so I thank him. I hope when you get a chance to meet him you will thank him as well for me as well as for you. He has spent many hours on this project, we are indebted to him.

There are differences between the way stocks and commodities trade in China as opposed to virtually any other country. Since short selling is not possible for Chinese stocks they do trade differently than stocks in America, Australia, Italy or Germany, etc. However underneath all this what ultimately moves stock prices, or commodity prices, are significant pool of money that accumulate positions in the market because they have a sense of what they think the future direction will be.

When it comes to commodities, it is very clear from my 46 years of trading that the large users and producers of commodities, the hedgers, who must file their buying and selling information with the United States government each week, are the true super powers of the marketplace.

This book is not about me… it is about these super powers. The purpose of this book is to teach you how to get the information on their buying and selling, how to construct indicators on that information and then how to understand how you can use, to your advantage, what they are doing in the marketplace.

It is my intention to show you what the insiders in the market place are doing so you can align you're buying and selling with theirs.

I have been following these super powers; we call them the Commercials (because they are the commercial users of commodities) for almost half of the century. I was first taught about these people by my mentor Bill Meehan in 1969, which, to my knowledge, makes me the grand daddy of following this information. There have been some Johnny-come-lately's recently, students of mine, who write about commitment of trader reports.

I have encouraged and supported them in that effort but I still think the old master knows best. Which means you are now about to learn from the old master. You will learn what I know about this highly significant market information. I hope profit from it as I have over the years. It has stood me quite well in actual investing. If you wonder you can simply go to my website to see my actual track record of real time trading which is why we call our website Ireallytrade.com.

Please keep in mind the markets are not 100% predictable, they can be dangerous if you do not trade them carefully... trading and investing should not be a gamble... I am not a gambler. I am a speculator, which means I observe the past and make judgments about the future and profit thereby.

As you finish this book I would like to welcome you into my world where we actually have a view of the future... most people live in the past berating themselves for what they should or should not have done. In my world we live in the future, highly intrigued with what will take place, not what took place. In this fashion, as you will see, markets are predictable and profitable opportunities abound.

I wish you prosperity and thank you for following my writings.

Larry Williams

Sydney Australia, 2008

目 录
———— CONTENTS ————

1

第九章

持仓量深入分析

第十章

交易员持仓报告数据的系统理论

第十一章

商业头寸交易者新解——股票市场的应用

第十二章

关于交易的思考与指引

引 言

　　警示：期货交易、股票交易、外汇交易以及期权交易等都是高风险行为，可能导致巨额金钱损失。

　　以这样一种方式开始本书有些奇特吧！

　　上述恐吓性的文字曾经是不久前美国联邦交易委员会(Federal Trade Commission, FTC)要求教授投资学课程者明确向公众提示的，谁能对此提出异议呢？我当然也不例外。

　　然而，这句话遗漏了两点意思：第一点很明显，如果有人在市场上输了钱，那么肯定有其他人赢了钱，哈哈，希望赢家是你或我。美国联邦交易委员会显然不想让你看到硬币的另一面：金融市场蕴含的潜在暴利机会。在较短时期内，花较少的精力，哪里能以小博大赚取成百万美元的利润呢？

　　你爸爸妈妈叮嘱你的是对的，不入虎穴，焉得虎子，不冒风险赚不到大钱，风险和回报是形影不离的。如果没有风险，我们就不可能获得潜在的盈利，为了获取回报，我们需要风险！

　　在你开始对交易市场发生浓厚兴趣之初，你想到过会有亏钱的可能吗？我想你一定会有思想准备。所以上述警示文字仅仅是在重复我们早已知道的东西，要么这些嚼舌者只是些内心压抑的家伙。

　　第二点更为过分，如果我要开一个投资讲坛，为什么我必须把这些显而易见的道理登在相关广告上，而在每天的《投资者每日商报》(Investor's Business Daily)中，交易所背景的"期权大学"栏目却不必刊登这些恐吓性文字吓跑那些潜在的期权玩家？为什么《华尔街日报》、《福布斯》、《商业周刊》以及《投资者每日商报》的订户却没有收到类似的警示？为什么(美国的)经纪公司也不必老是啰唆这些警语？

　　我所知道的唯一原因就是这是一个存在欺骗的行业。

　　交易所、经纪公司和大基金为他们自己制定了游戏规则，一套与小投资者不一样的规则。他们自己能做什么由这套规则决定，而普通投资者的可为不可为则取决于另一套规则。

坦白地说,我对此并不介意,这是他们的游戏,他们有他们的玩法。但是我们却需要知道两套规则之间的差异,以免掉入他们的游戏陷阱。要赢得博弈,你不但需要知晓规则,更要避免一些谬误,我就来揭示其中的几项吧。

第一个谬误:"那些家伙一定知道些什么"

2000 年《华尔街日报》的调查显示 96％的经济学家看多后市,2001 年同样的调查惊人地表明 99％的经济学家对经济持牛市预期,而 2002 年竟然 100％的受调查者成为多头。自 1982 年以来,《华尔街日报》就开始了这项调查,记录显示专家们对未来的预测准确率只有 22％,大大低于随机猜测的准确率。然而这项调查还在进行,没人告诉你那些家伙的预测有多么糟糕。伦敦《金融时报》1995 年的一项研究宣称:"在过去的 7 年间,大多数的经济预测没能对经济发展过程中的重大情况做出提示。"

第二个谬误:"如果他们知道些什么,他们会告诉你"

43 年前,在我开始做股票时,我理所当然地认为证券公司能够且愿意给我许多帮助,毕竟那是他们的分内事。最终我明白了,不管他们怎么说与怎么做,他们的分内事是赚钱(赚取佣金),他们是赚取巨额佣金的掮客,所有的激励来自于佣金,而不是客户。

对此有怀疑吗? 看看花旗、美林和其他大机构的所作所为就知道了,他们由于发布股票的错误评级误导投资者而被罚款 14 亿美元。

啊……为什么美国联邦交易委员会不要求在他们的广告上及其赞助的网球、高尔夫公开赛上贴上那些警示的标签?

我的一点提示

多年以前,美林证券由于在他们自己卖出股票时却建议其客户买入而被罚款数十亿美元。如果你和我那样做的话,肯定会进监狱,他们却没有,只是赞助了一次关于新经济的研讨会,并给了政客更多的钱而已。

这使我明白,在这场游戏中我们只能更多地依靠自己,而确实只有你我这样的小人物在对抗既定的制度规则,其中每一个关键点都是为他们制定的,而不是我们。我? 我有点儿感觉我们在对抗他们,但如果你意识到这一点,你在市场博弈中就会觉得那些大机构是站在你这一边的。各种证据、事实以及罚款似乎说明了一切。

那……那就是美国联邦交易委员会应该告诉所有人的!

然而,有一件事你必须知道,那是真的,即有人对市场了解得比你多,多得多! 你可能会千方百计地探访这些人,以为经纪人或媒体会公布他们的建议。醒醒吧,伙计! 游戏不是那样做的。

超级大机构

你应该知道市场中确实存在着超级大机构,他们对于市场结构是如此重要,以致联邦法律要求他们每周必须报告一次其大宗买入和卖出的情况。

如果他们不报告将会面临巨额罚款甚至入狱。想想这些家伙的影响有多大! 想象一下,如果其中一个人对你耳语,告诉你他正在买什么以及将会发生什么,这个信息你敢用吗?

我怀疑只有万分之一的投资者意识到这个重要信息每周是在互联网上免费发布的。大多数的投资者只是关注交易图表,却忽视了背后移动这些图表的买卖力量。

澄清一下,我这里并非指上市公司的雇员和高管,尽管他们确实可能在某些时候买卖股票很成功(比尔·盖茨和保罗·艾伦就曾干过),但是公司雇员或高管卖股票大多可能是为了获利了结,并非是他预见了股价会跌,而事实上,他所预见的是子女的婚礼或大学学费,甚至是他自己要离婚。

我也不想用共同基金在买入什么来叨扰你,一个简单的理由是:如果你只是买入道-琼斯工业指数就可比85%的共同基金表现要好,令人震惊但却是真的,只有15%的基金能够战胜简单的买入持有道-琼斯指数的策略。更为重要的是,并非总是这15%的基金能战胜市场,它们进出成功者队伍的频率甚至要快于说唱歌曲。

是的,我所说的超级大机构是指那些用自己的钱每天投资于自己的产业,年复一年地使他们利润最大化的巨型企业。

自1970年以来我就开始跟踪这群聪明的资金,30多年来的经验教会了我许多我现在可以教给你的,尽管我知道这些投资者并非总是正确,但他们在这场游戏中所下的赌注总是最好的。

1969年的某一天是我的幸运日,加利福尼亚圣何塞(San Jose)的两个交易员,切特·康罗德(Chet Conrad)和基思·坎贝尔(Keith Campbell),把比尔·米汉介绍给我认识,那两位朋友一直继续着他们的成功。最近一次我听说基思管理着10多亿美元的基金,切特更使他的赌本增加到了惊人的地步:他在雷诺(Reno)买了一家赌场。自20世纪70年代早期以来我们三个就没再见过面,但我们都走着自己的路,做着自己的事,但我们都欠着比尔·米汉所教给我们交易知识的那份情。

比尔曾是芝加哥商品交易所的会员,他有偿教授了我们如何跟踪那些超级大机构。比尔通过几组数据观察这个群体,其中最有效的是"交易员持仓报告"(Commitment of Traders,COT)。那时,这个报告每月发布一次,即在超级大机构买卖之后的一个月后才公布,确实有点迟了,但还是非常有用,现在交易员持仓报告是每周发布一次,仅延迟几天而已。

大多数人在想到投资时总是想到股票和债券,那是传统的思维,他们没有意识到在商品市场上的交易量要五倍于股票市场。传统的房地产和股票投资者错过了这只大船,毫不夸张地说,与实物商品市场相比,他们只是坐在一只漂在小池塘上的小船上。

有人要骂人了吗?"商品期货交易不是充满了风险吗?"对于这个问题,我坦白地告诉你,商品市场确实存在风险,但是风险不会超过股票市场。接下来你就会看到。过去,商品交易并不被人们重视。人们认为,只有那些最鲁莽和愚蠢的人才会进入商品投资领域。自从我在1968年交易猪肚以后,这种现象改变了很多。就像世界的不断变化,这个市场也改观了很多。衍生出了一些由金融工具组成的商品合约,这些金融工具包括:长期债券、国债、货币市场工具和股价指数(如道-琼斯指数和标准普尔500指数)等。我们不再仅仅交易鸡蛋、橘子汁、牛肉和小麦等。

银行隔夜拆借市场、政府和全世界的公司都开始运用商品交易市场来保护他们的商业利润。假设德国大众汽车公司正在向日本出售汽车,他们就需要确保日元从现在到将来他们收到货款时不会贬值。这些超级机构进入商品交易市场,芝加哥的交易池就不再像先前那样了,不再是一两个大交易者可以操纵的市场。没有哪个个人投资者拥有商业头寸交易者这么大的资金实力和背景。

这些商业头寸交易者——超级大机构,拥有研究人员,他们尽全力地研究诸如小麦、黄金和玉米等实际商品交易,也研究诸如英国英镑、日元、国债、标准普尔 500 指数和世界各地的其他市场指数等人类创造的商品交易。

当这些商业头寸交易者交易时他们会留下踪迹——关于他们买卖的交易记录。这些记录是我们可以追踪的。这是这些信息披露者在这场游戏中的真实资金行为。

这是商品交易投机客所拥有的极大优势,他(她)可以合法地运用这些内部信息,而通常一个股票赌徒不会采用这些信息。

我这么说是由于每周的交易员持仓报告向我们揭示了超级机构的买卖情况,因此我们的任务就是如何理解他们行为的意义并把我们的命运与之联系在一起。本书就是旨在让我们一步步学会与世界上最大的商业头寸交易者一起肩并肩地进行投资和交易。

商品期货交易的历史视角

风起于青萍之末,我们现在所知的商品市场也是开始于一些琐碎的交易。期货交易最初始于 18 世纪的日本,主要用于大米和丝绸,直到 19 世纪 50 年代美国才开始运用期货市场买卖诸如棉花、玉米和小麦等商品。

期货合约是一种衍生工具或财务合同,其中当事双方同意以某个具体价格在将来交割一系列金融工具或实物商品。如果你买了一张期货合约,意味着你基本上同意以一个固定价格去买一些卖家还未生产出的东西。但是加入期货市场不一定是指你必须要进行实物交割,记住,期货市场中的买家和卖家订立期货合约主要是为了避免风险或投机,而不是交易实物商品(这主要在现货市场进行),这就是不仅生产者与消费者,更有投机者把期货用作金融工具的原因了。

北美期货市场起源于大约 150 年前,在此之前,农场主种植农作物,然后把它们带到市场上,希望把他们的存货全部卖掉。但是市场上没有需求,经常会出现供过于求的状况,于是没有卖出的农产品就任其腐烂在大街上!与此相反,当一种既定商品,比如说小麦,处于非生产性季节时,由它生产出来的商品会变得非常昂贵,这正是由于供不应求。

所以,秋季时面包便宜而春季时却比较贵。

在 19 世纪中叶,重要谷物市场的陆续建立和一个中央集市的成立使农场主可以把带来的农产品进行即时交货(现货交易)或远期交货。后者的合同,即远期合同,进行远期交易的合同,就是今天期货交易合约的雏形。这个创新的理念为许多农场主挽回了农产品及其利润的损失,并有助于稳定非生产性季节时的供给与价格。

然而,期货并不是为了防御风险的,它们有利于一大批努力摆脱朝九晚五工作综合征的人,就像我一样,我深信我们应该自由轻松地赚钱。

致 谢

许多人的帮助使我的生活和交易生涯游刃有余。比尔·米汉在 1969 年为我打开了商品市场交易的大门。我要感谢我的长期合作伙伴和朋友——汤姆·德马克(Tom De-mark)、哈维·莱文(Harvey Levine)、理查德·约瑟夫(Richard Joseph)以及我所拥有的最好搭档路易斯·斯特普尔顿(Louise Stapleton),没有他们在细节上的关爱和关注,这本书是不可能出版的。特别要感谢克里斯·勒杜(Chris LeDoux),我从未见过他,但是,他的音乐对我的交易和生活给予了很大的精神鼓舞。感谢布雷恩·谢德(Brian Schaad)给予的时事分析;感谢我的私人助理珍妮弗·韦尔斯·卡拉(Jennifer Wells Carla)长期以来的关心和帮助;感谢我的 5 个孩子,他们用自己的方式给予我远大于股票交易的乐趣。

第一章

认识你的新投资伙伴

　　　　商业头寸交易者比电视广告更引人注意。

　　本书的主要目的是让投资者能与几亿身家的最牛交易者以及出入市场的巨额资金站在同一边。他们不仅是你的导师,更是你的投资伙伴,他们将以其特有的方式悄悄告诉你每个星期他们的资金投向。而我将会说明这些人是谁以及该如何跟踪他们。这些都将有助于投资者更好地了解市场是如何运作的。

　　当大多数的趋势交易者查看价格图表时,看到的是影响市场价格变化的真实力量:大量的买盘和卖盘以及每个星期都能看见的那些有几十亿美元身价的成功交易者进入市场时带来的真实的供给和需求压力。

　　既然这些家伙是我们的投资伙伴,让我们认识一下他们吧。让我们竭尽所能找出这些令人敬畏的家伙的所有信息吧——他们肯定在美国政府部门注册过,并且肯定会公告他们所有的市场交易行为。这就好比一个拳击手肯定在当地的警察局登记过他那充满力量的拳头一样。

　　这里,政府部门指的是商品期货交易委员会(Commodity Futures Trading Commission,CFTC)。我们先了解一下商品期货交易委员会是什么机构、他们的职能是什么。商品期货交易委员会的使命是保护市场使用者和投资大众免受欺诈和操纵、防止商品和金融期货期权销售中的违法行为,同时培育一个公开的、竞争性的、健康的期货期权市场。

　　农产品的期货合约交易在美国已经有 150 多年的历史,并且从 20 世纪 20 年代开始一直处于联邦政府的监管之下。最近几年来,期货交易迅速扩展,远远超出了传统的实物交易和农产品交易,以至于衍生出大量的金融工具,如外汇交易、美国和外国政府债券交易、美国和外国股价指数期货交易等。

商品期货交易委员会使命和责任的演变

　　作为独立行政机构的商品期货交易委员会,是 1974 年经美国国会批准成立的。商品期货交易委员会负责监管美国的商品期货和期权市场。商品期货交易委员会的管辖权从创立到现在经过了多次的更新和扩展。最近的一次变动是 2000 年的《商品期货现代化法案》(Commodity Futures Modernization Act, CFMA)。如今,商品期货交易委员会通过以下方式来保证期货市场的经济效用:促进竞争和提高效率;确保期货市场的统一性;保护市场参与者,防止市场参与者受操纵、欺诈等违规交易行为的侵害;确保整个清算过程的公正性。通过商品期货交易委员会的有效监督,期货市场在价格发现和风险规避方面发挥了重要的作用。

商品期货交易委员会是如何组织的

商品期货交易委员会由美国总统任命的 5 位委员组成,任期为不同区间段的 5 年。总统在参议院的同意下,指定其中一名委员担任主席。在任何时候都不允许来自同一个政治团体的委员超过 3 个。

主席团负责向公众公布委员会的工作情况、负责与其他政府部门和国会保持联系以及准备、分发委员会的相关文件。主席团还要确保商品期货交易委员会按照《信息自由法案》(Freedom of Information Act)的要求负责任地提供相应的文件做出回应。主席团下设两个办公室:一个是审查办公室,负责对委员会的计划和工作进行审计;另一个是国际关系办公室,致力于全球监管的协调工作。

主席团还要负责与公众、国会和媒体的联络。对外事务办公室(OEA)是商品期货交易委员会与国内和国外新闻媒体、生产商和市场用户群体、教育和学术群体、机构和一般公众保持联络的纽带。对外事务办公室及时、动态地提供以下几个方面的信息:委员会法案的调整、期货市场的经济角色、新市场工具的运用、市场管制、强制性行为的确定、消费者保护协议、交易和发行相关的信息。对外事务办公室还为媒体成员和一般公众进入商品期货交易委员会的网站 www.cftc.gov 提供帮助。

商品期货交易委员会密切监控着市场和市场参与者。除了在华盛顿的总部办公室以外,商品期货交易委员会在所有设有交易所的城市——纽约、芝加哥、堪萨斯、明尼阿波利斯都设立了办公室。

依照法律,交易者必须登记注册并且向商品期货交易委员会报告他们的交易活动,同时商品期货交易委员会会发布公告。从这些公告中,你可以了解到你未来的伙伴(那些套期保值者)正在做什么,并且将进一步了解到他们持有市场头寸是为了商业目的还是为了投机目的。这些人才是这个市场里真正的大玩家。事实上,即使你我或者一群个人投资者被称作"大户",我们也只能拥有某种商品合约的一小部分,而商业头寸交易者或者叫作套期保值者(我们的合作伙伴)则可以无限地买进卖出。

在这样的条件下,当商业头寸交易者在市场中发现机会时,他们就能够进入市场并且买入几百万磅和几百万蒲式耳的商品,或者几百万张商品合约,他们是这个游戏中最富有的玩家,他们的钱袋足够深,并且有重要的理由参与市场——他们实际上是在使用或者生产这种产品,买卖这种商品是他们的职业。他们比你我这样的门外汉更了解这个市场。这里有一个类似的例子。我不是一个车迷,而且从来不学习关于机器的东西。因此,如果我将要买一辆新车,我可以现场看看车,然后跟销售人员谈话,甚至可以通过试驾做出正确的决策(抱歉,金融市场上没有试驾)。

或者如果我碰巧认识罗伊·斯坦利(Roy Stanley),而他是当地雪佛兰牌的经销商。那么我可以问他什么是最适合我的,从而快速做出决定。作为这个市场的圈内人,他了解车子、了解市场,所以他的建议对我来说非常重要。

商业头寸交易者似乎拥有无限的资源。比尔·米汉(见序言)告诉我:他们通常占有整个市场交易量的60%,因此,尊重他们的判断,分享他们的智慧并且关注他们的行为是值得的。对他们来说,交易是专业的工作,不是投机。

与以获益为目的的投机者相反,商业头寸交易者的底线是尽可能地减少损失。让我解释一下。一个商业头寸交易者拥有产品的存货或者需要购买产品,换言之,他的交易将围绕此项产品——买或者卖。比如一名食糖的套保商(本文中,套保商即前文中的商业头寸交易者,后文不再说明)知道他的公司在下一个月需要上百万磅的食糖,并且他相信糖价将上涨,那他今天就不得不入市购买。同样的情况下,如果他认为到期糖价会下降——更低的价格,他还会买一些糖,但不会买很多,因为他需要糖来制作棉花糖或者其他糖果。这些信息我们都可以在每周的商品期货交易委员会公告中了解到。

于是,从商品期货交易委员会的报告里,很多"追踪"套保商的投机者发现一件不寻常的令人费解的事情。在长期下降趋势中,套保商一路跌一路买。这使他们看起来很愚蠢(因为他们在高价位买进),但我却说他们"大智若愚"。如果我们的伙伴在更低的价位买进,那他赚取的利润就会更多。因为随着糖价的下降,棉花糖的成本减少了。

我的意思是套保商和我们是有区别的,他们买进它是为了使用它或者为了防止价格的突发性变化以锁定利润。套保商通过商品市场得以确保公司主营业务盈利,而我和你,亲爱的读者,我们的目的则是在市场波动中低买高卖以获利。

可以确信的是,当商业头寸交易者判断大牛市或者大熊市到来时,市场通常会有比较大的动作,而这通常伴随着赚取成百上千万美元的潜在机会。我们要做的就是和他们一起行动(就如比尔·米汉展示给我们的)。

我们相对于商业头寸交易者来说有一个优势。他们必须每天在市场中交易,对他们来说,这是一个不变的日常工作。每天进进出出,他们必须尽全力去经营,去对冲他们的头寸。而我们不需要这样!我们可以随心意随时进入或退出市场,我们有耐心等待完美时刻的到来,那时套保者们已经在他们对市场大趋势变动的一致预期下成为大规模的买者或卖者。

补充一点:我们生活在一个不完美的世界。商业头寸交易者也会不时犯错误或者至少在短期内出现错误的判断。我确信他们不想犯错误。然而,未来是不确定的,而且很难准确预测。再说,如果他们总是正确,我们都可以马上变成百万富翁,那还有什么乐趣?

我们知道他们会失误,至少在一段时间内会犯错,所以我们需要工具和策略去保护我们辛苦赚来的钱。在后面的章节,我将介绍一些我用来确定进出时机和防止遭遇破产风险的资产管理工具。

在投机的世界里,任何事情都是不确定的。商业头寸交易者有时会过早地买入商品,但他们的钱袋很鼓,这些损失对他们来说算不上什么。可是,我们绝大多数人的口袋都没什么钱,所以需要更加精确地确定进入和退出的时机,并且要绝对地控制损失。

每周我们都可以看见三类主要的交易群体的交易情况:套期保值者或者说商业头寸交易者(以下通用)、大户(大的投机商)和散户(小的投机商)。由于市场对三类交易群体来说功能是不同的,所以尽管大家面对的是同一个市场,做法却是截然不同的。

一类是投机商,一类是套期保值者,投机商在买进一张合约时希望价格上涨,在卖出一张合约时希望价格下跌。投机商的目的是低买高卖,赚取价差利润。而对做套期保值的机构则不是这样,需求方想在低价位买进产品,而供应方想在高价位卖出产品。套期保值者的目的是希望在一定范围内锁定他们将要买卖的商品、货币或者正在交易的金融证券的价格。

假设你是一个农场主,预计将产出大约50 000蒲式耳的小麦,生产及分销的成本是3.25美元/蒲式耳。一天,你打开当地的报纸高兴地发现,12月份交割的小麦期货价为4.10美元/蒲式耳。现在是5月份,你的小麦还在地里,如果你现在在期货市场上把小麦卖掉,然后到12月份交割,那么按照现在的价格意味着可以赚85美分/蒲式耳,你将有42 500美元(0.85×50 000)的利润。但是有一些问题需要解决。

首先,如果你的庄稼歉收了怎么办?也许将会有旱灾或虫灾,或者正好在收割之前遭遇了冰雹,那么就没有50 000蒲式耳小麦用来交割;并且在交割合约到期时,小麦的价格远远高于4.10美元/蒲式耳,如果你不能交割50 000蒲式耳小麦,你不得不承担平仓的差价损失。相反,如果小麦的价格下降了,到交割期时,小麦出售的价格低于4.10美元/蒲式耳,那么你将赚取平仓利润(现在的价格减去你的卖价)。但是,请注意,如果你没有足够的小麦交割,通常也意味着其他农场主也没有小麦去交割。庄稼如此短缺通常意味着市场将会有更高的价格。

当然,如果平仓后小麦价格从低于4.10美元/蒲式耳反弹到8.10美元/蒲式耳,然后你在现货市场现价卖掉小麦,赚了4.85美元/蒲式耳,净收益242 500美元!哈哈,看到了吧?西装革履还不如种庄稼呢!所以呢,无论是种小麦、大豆的,还是开采黄金、加工咸肉的,都希望利用期货市场,但是必须谨慎。

你可能已经想到:在小麦价格开始上涨的时候,你就可以在不同的价位卖出小麦。在4.10美元/蒲式耳时,可以卖出1/10;在5.00美元/蒲式耳时再卖出1/3,到那时你也许对收成是多少已经胸有成竹了。因此,你可以决定在6.00美元/蒲式耳时卖出更多一些,在7.00美元/蒲式耳时把剩余的都卖掉。

你开心得合不拢嘴了。你卖出的价位都大于成本价。尽管你也许会因为卖得太早而懊恼,但是你并不在乎小麦是否会涨到20美元/蒲式耳。如果假定很多农场主在5美元/蒲式耳时卖出小麦,在这之后小麦涨到10美元/蒲式耳,你觉得之前的卖出看起来就像是大甩卖了。但是农场主真会这样想吗?他们很高兴在5美元/蒲式耳时卖出,因为他们已经赚取了利润。

期货市场的一个重要特征是投机方与套期保值者之间互动。一方面,由于投机客们对价格走势持有不同观点,他们之间互相买卖合约;另一方面,作为卖方的套期保值者希望锁定他们产品的销售利润,而作为买方的套期保值者则希望锁定他们的生产成本,因此他们之间也相互买卖合约。但是,更多的合约是在投机方和套期保值者之间成交的。

当价格上涨时,投机方希望买进更多的合约,套期保值者(卖方)希望卖出更多的合约。这就是重要的丛林法则。

当价格下降时,投机方想卖出更多的合约,套期保值者(买方)想买进更多的合约。想想看投机方如何能从这波下跌的趋势中赚钱:他们赌的是价格会继续跌,所以他们会先卖空,通过高卖低买获取利润。

套期保值者的想法则截然不同。他们(几乎总是)并不试图做波段赚钱,而是从现货赚钱。如果套期保值者发现市场价格低于他们以往的买价,他们就会乐意购买。因为产品生产成本的降低意味着更多的利润。

套期保值者(商业头寸交易者)会关心趋势是否继续、价格是否继续下降吗?不,一点也不。如果价格变得更低,他们没有损失,因为他们买进去交割(一种形式或另一种)就行了。事实上,价格的下降不影响他们从购买行为中赚取的超额利润,因为他们的利润来自于他们生产的产品的毛利。

如果价格变得更低,他们将买得更多,所有加工商最想看到的就是原材料成本为零,只剩下生产成本——把玉米转换成脆玉米片、小麦变成面包的成本。

每个期货市场都是由不同的投机方和套期保值者构成的。一些市场如金融市场,被套期保值者所主导,而很多商品市场,则由投机方主导。

投机方和套期保值者在大部分期货合约中持有相反的头寸。这一点很重要,特别是当我们面临选择入市时机和方向的时候,是我们必须详细考虑的。

在期货市场上,套期保值者被称为商业头寸交易者,而投机者被称为非商业头寸交易者。所有的期货合约持仓都要在政府管理机构,即商品期货交易委员会登记。对投机者来说,登记合约的成本比套期保值者要高。那些拥有或者对商品有大量需求的生产商或者贸易商被登记为商业头寸交易者(套期保值者);而所有其他的交易者要么被登记为可以交易大量合约的大户(大额非商业头寸交易者),要么被登记为一次只能交易少量合约的散户(小额非商业头寸交易者)。

商品期货交易委员会每天把大约 75 个市场中的持仓合约都汇成一张列表,然后每个星期在互联网上(www. cftc. gov)公开。这个公告被称为交易员持仓报告,分别公告了套期保值者、大投机者和其他的散户(小玩家、公众)的持仓量。从这些公告中,我们可以找出套期保值者的持仓量。他们是大玩家,也是我们的密友。

世界上最大的交易市场是什么? 想象一下它是如此巨大,它是股票市场吗? 是债券市场或者商品市场吗?

不,都不是。世界上最大的交易市场是外汇市场。目前,外汇交易的日成交金额超过了1.5万亿美元,是世界上最大的证券市场——纽约证券交易所——成交金额的50多倍。我告诉你,这些玩家才是超级大机构,市场数据足以说明这一点。

很多人认为外汇交易是只针对富人的,这是错误的。正确地说,超级大机构是大玩家,并且没有哪个市场能够像外汇市场一样可以提供在短期内创造大量财富的潜在机会。在正确的指引下,跟随正确的人,保守一点,用10 000美元或20 000美元或者更少就可以在这个市场进行有效率的交易了。

应该注意的是,2005年1月商品期货交易委员会在公告要求上做了更改:

商品期货交易委员会已经修订了大户的公告规则。大户公告规则要求当交易者的头寸等于或超过了委员会规定的合约申报水平时,期货经纪商、清算会员、外国经纪商和交易者要把具体的头寸和交易信息报告给委员会。在其他的问题上,最后的规则提高了合约申报水平。结果,这一规则影响了由委员会提供的交易员持仓报告。

委员会规范了大户持仓申报水平,因此,市场中总持仓情况的70%~90%都向委员会进行了申报。委员会定期检查交易量、持仓量、具体合约的执行情况以及大户数量和他们的头寸规模,以确定持仓量的监管覆盖面是否能够达到市场的有效监管。交易员持仓报告中的数据对市场每个星期二的持仓量提供了分类数据,那里有20名或者更多的交易者的净头寸超出了委员会规定的合约申报水平。交易员持仓报告分别公告申报头寸和不需申报头寸,还为申报头寸提供了附加的信息。提高合约申报水平改变了申报头寸的数量和交易员持仓报告中提供可申报头寸的附加信息。研究交易员持仓报告的人们应该要关注提高的合约申报水平所产生的影响。

谁是我们的密友?

美国政府把我们的密友列为商业头寸交易者,它们通常都是些家喻户晓的名字。为了了解资源类商品期货市场,你需要注意品食乐(Pillsbury)、通用磨坊(General Mills)、嘉吉(Cargill)、爱荷华牛肉(Iowa Beef)和纳贝斯克(Nabisco)等公司的买卖行为。在商业或金融的各个方面,总有一些公司或者组织对自己参与的某个特定市场的真实状况非常了解,因而他们的业务非常出名,由此他们在这个领域很好地生存下来并得以发展壮大。

谈到金融商品时,我们应该跟随 JP 摩根大通、通用公司和微软公司,还有世界上所有最大的银行和经纪公司。这些机构必须每天对冲利率和汇率风险——当头寸足够大时必须向商品期货交易委员会报告,这对他们来说并不有利!

20 年前正确的东西今天依然正确。下面的评论来自于比尔·吉勒(Bill Jiler),被广泛接受的商品研究局商品价格指数(Commodity Research Bureau Index,CRB 指数)的创始者。大约 25 年前,他写下了论文《预测方法论》(1985),文中做了如下的评论。这篇评论即使不做任何改动,其影响力依然不逊于 25 年前。

我们往往试图确定市场主要参与群体——大的套期保值者、大户和散户——的"预测"行为。我们有理由相信大的资深的交易者能预测价格波动,因为他们了解市场,即使不是都正确,至少会比缺乏"未公开信息"的散户的判断正确些。我们同样认为,不同时期,不同市场的持仓量也是一种预言。

从交易员持仓报告的统计中,我们能够估计出每个月末套期保值者、大户和散户净头寸。我们把多年的月末统计数据进行平均处理,找出在一年之中的任何给定时期他们的平均净头寸。然后我们比较每一组的实际净头寸和平均净头寸。如果他们的实际净头寸严重偏离了平均净头寸,这可被视为他们看好市场或是看空市场的依据。

通过研究随后的价格波动,我们可以为每一组交易者群体建立"预测记录"。正如我们预计的那样,到目前为止,我们发现大的套期保值者和大户有最精确的预测记录,而小交易者预测得最差。我们惊奇地发现大的套期保值者一直比大户预测得更精确。而大户在各个市场的预测水平是不相同的。

比较当前的净持仓与季度性净持仓,我们可以用百分比的方法。某种程度上这个百分比可以用来判断每个群体对市场的看法:该百分比达到一定程度时表示对市场看好或看坏。从这两个"净"数据,我们可以了解到市场主要参与者对后市的态度。根据我们的研究和长期的经验,我们可以得出一些指导性的原则:

极端看好后市——指标显示套期保值者净多头持仓远远高于同期的正常持仓量,而大户净持仓也是净多头,而散户的净空头持仓远远高于季度平均持仓量。看空——指标中这些群体持有相反的头寸,比如大的套期保值者拥有很多的净空头头寸等。当实际头寸偏离正常头寸时,有两种情况要注意。当他们的实际头寸远远高于长期平均头寸的40%时要小心,当偏离少于5%时可以忽视。

关于如何利用持仓量进行分析,我们在 CRB 期货图表分析中的"技术分析"部分提供了一些例子。在刚刚过去的 1983 年的 8 月,当糖价超过 10 美分/磅时,我们对糖市由看多转为看空。1983～1984 年,尽管糖价已经降至 4 美分/磅——16 年以来的低价,但我们还是看空市场。我们如此固执己见的一个重要原因除了熊市迹象的图表分析,还有我们对"持仓报告"的分析。在这两年里,大的套期保值者的平均净空头头寸比他们过去 6 年的平均头寸超过 20%还要多。散户尽管遭受了巨大的损失,但在整个崩溃期里净多头头寸几乎平均超过 20%。

1983 年 8 月,芝加哥小麦期货合约的价格创出了新高。图表数据显示是牛市行情,这在 1983 年 8 月 12 日的"技术分析"中我们就已经说明了。然而,我们注意到最近的"交易员持仓报告"却是一个相反的情况。大的套期保值者 36%的头寸是净空头头寸,散户 24%的头寸是净多头头寸,在那时他们的头寸都超过了 10 年期平均水平。随后,市场达到顶峰,价格在接下来的 6 个月里下跌。

1983 年夏天,玉米和大豆持仓量指标的研究提前预测了牛市的到来。这份研究能够说明持仓量分析什么时候起作用,什么时候又不起作用。持仓量分析对玉米市场是起作用的,指标显示大的套期保值者的净多头头寸超过了正常头寸,散户持有净空头头寸,这种牛市模式和大豆市场的持仓量指标恰好是相反的。在 6 月份大豆期货合约中,大的套期保值者持有净空头头寸,散户持有 20%的净多头头寸,而正常情况下他们只持有10%。然而,这两种商品却经历了类似的牛市行情。或许是那个夏天没有预见到的旱灾导致了这个奇怪的结果。

尽管我们仅介绍了关于持仓量分析的相对比较近期的例子,但我们的这种分析经验可以追溯到 20 年前,行为模式几乎一致。然而,我们不得不承认存在一些非常戏剧性的例外。因此,在价格预测方面,使用其他的可获得的技术分析和基本面分析工具来获取一个更高的成功概率是很重要的。在一般情况下,可以通过熟练的技术分析和基本面分析对期货合约价格趋势和波动性进行分析。国际形势、天气和带有政治动机的法律的制定等都属于无法预测的因素,这些因素可以在一瞬间改变市场的方向。没有一把钥匙可以打开所有的门,成功的价格预测也是如此。不管怎样,我们相信适当地理解并掌握"交易员持仓报告"是有价值的,而且对分析者而言是很关键的。

为了更好地使用来自商业头寸交易者的数据,回忆一下"Rawhide"的歌词:"不要试图去理解它们,只要把它们捆绑、打包,然后贴上标签就可以了。"就如你所看见的,追踪商业头寸交易者是相当简单的。没有必要去探寻或者设计复杂的模型;只要知道这些家伙比其他任何人更擅长这些游戏就可以了。

这些公司都是商业和行业里非常有实力的超级大机构,跟随他们是非常正确的!

接下来,让我们学习如何去跟踪他们……

第二章

观察商业头寸交易者

不要再犹豫不定了！

美国商品期货交易委员会每周都会发布报告公布第一章提到的三类交易者上周的交易情况。官方发布网址为 www.cftc.gov。那里有许多信息，我们将提取一些比较特别的交易信息。

作为初入门者，首先要了解美国政府规定的交易员持仓报告的呈现方式。

商品期货交易委员会第一次公布交易员持仓报告是在 1962 年 6 月 30 日，共包括 13 种农产品的持仓数据。这份报告在当时被认为是"在为公众提供期货操作最新数据的政策上又向前推进了一步"。报告最初的做法是在每月 11 日或 12 日公布上个月月底的数据。

随后几年中，为了进一步公开期货市场交易信息，商品期货交易委员会采取了多种途径提高持仓数据的发布效果。首先是增加发布频率——1990 年开始在每个月的月中和月末发布一次数据；1992 年开始每两周公布一次；2000 年开始每周公布一次交易员持仓报告。其次是提高公布速度——从数据截止日后的第六个交易日（1990 年）提前到数据截止日后的第三个交易日（1992 年）。再次是丰富交易员持仓报告的内容——增加每一类交易者的数量、收获年度突破（a Crop-year Breakout）、集中比率（20 世纪 70 年代初）、期权头寸数据（1995 年）等。最后，交易员持仓报告的发布渠道也不断拓宽——从最初的订阅邮寄发展到后来的收费电子版（1993 年）到今天商品期货交易委员会网站上的免费浏览（1995 年）。

交易员持仓报告提供了每周二市场上的未平仓合约的具体情况，上面包含至少 20 家会员持有超过或者需报告的头寸情况。交易员持仓报告分为"期货"（Futures-Only）和"期货与期权"（Futures-and-Options）两种，于美国东部时间每周五 15:30 公布。

上面所说的持仓报告有简短版和详细版两种。"简短版"将持仓分为"报告"（Reportable）和"非报告"（Nonreportable）两种。"报告"头寸部分又提供了商业头寸交易者持仓、非商业头寸交易者持仓、套利、与前次报告相比的增减变化、各类持仓所占比例、交易商数量等。"详细版"在前者基础上在必要的时候根据种植年度对数据进行了分类,增加了头寸集中程度(前 4 个和 8 个最大的交易商)等数据。

所有最新数据和历史数据都可以在美国商品交易委员会网站 http://www.cftc.gov 中找到。该网站还提供所有的 1986 年以后的"期货"交易员持仓报告和 1995 年以后的"期货与期权"交易员持仓报告。

例 子

表 2.1 是 2004 年 6 月 1 日芝加哥期货交易所(CBOT)小麦期货的交易员持仓报告(简短版)。表格后附加了专业术语注释。

表 2.1   "交易员持仓报告"样本

WHEAT–CHICAGO BOARD OF TRADE FUTURES–ONLY POSITIONS AS OF 06/01/2004								
NONCOMMERCIAL			COMMERCIAL		TOTAL		NONREPORTABLE POSITIONS	
LONG	SHORT	SPREADS	LONG	SHORT	LONG	SHORT	LONG	SHORT
(CONTRACTS OF 5 000 BUSHELS)　　　OPEN INTEREST: 122 975								
COMMITMENTS								
29 015	29 513	9 514	67 135	60 224	105 664	99 251	17 311	23 724
CHANGES FROM 05/25/2004　　CHANGE IN OPEN INTEREST: −963								
−2 090	−3 837	−2 472	3 005	6 132	−1 557	−177	594	786
PERCENT OF OPEN INTEREST FOR EACH CATEGORY OF TRADERS								
23.6	24.0	7.7	54.6	49.0	85.9	80.7	14.1	19.3
NUMBER OF TRADERS IN EACH CATEGORY(TOTAL TRADERS: 234)								
66	81	54	46	61	150	169		

资料来源:商品期货交易委员会(www.cftc.gov)。

交易员持仓报告中很多数据是我们没有关注过的,所以接下来我们要了解商品期货交易委员会对交易员持仓报告中这些数据的定义,以便我们更好地使用这些数据。只有当我们知道怎么去用这些数据了,数据才是有用的。当然在以后的章节中,我会告诉大家我是怎样运用这些数字的。我认为透彻地理解表中涉及的名词的含义是非常重要的,只有这样你才能明白这些数字是如何构建的,以及它们是怎么来的。

下面是对组成交易员持仓报告的关键术语的解释。对这些术语理解得越透彻,你就能越深入地了解这个市场,了解套期保值者是如何影响市场价格的……当然还有我们的收益。

注释

持仓量(Open Interest):持仓量是指留在市场中的还没有通过冲销、交付或者行权等手段平仓的期货或期权合约的数量。市场上的未平仓合约中,多头总量与空头总量总是相等的。交易者所持有或者控制的持仓量被称为交易者头寸。在"期货与期权"的交易员持仓报告中,期权持仓量和交易者的期权头寸是通过参数 Δ 进行调整后得出的(参数 Δ 由交易所给出)。看涨多头和看跌空头的持仓量被转化成相应多头期货调整头寸来计算。相反,看涨空头和看跌多头持仓量可以转化成相应的空头期货调整头寸。例如,一个交易者持有 500 张合约看跌多头的头寸(假设 Δ=0.5),则可以认为他持有 250 张合约的空头期货头寸。交易者多头或空头的期货调整头寸也被加到其相应的期货头寸中,以此来给出这个交易者的"期货与期权"的多头和空头的总头寸。

这里所指的向委员会报告的和交易员持仓报告中的持仓量,并不包括未平仓的期货合约中收到制止交付通知书的那些合约,这种通知由交易商或者是交易所的结算会员发出。

报告性头寸(Reportable Positions):结算会员、期货经纪商以及外国经纪商(统称为"报告机构")向交易委员会做日常报告,以统计它们的交易者拥有的高于商品期货交易委员会设定水平的期货和期权头寸(现行标准由商品期货交易委员会在 http://www.cftc.gov 公布)。在每日交易结束前,如果某报告机构的交易商拥有超过委员会报告标准的头寸,可能只是某一个期限到期的期货或者期权头寸,那么无论其他头寸的大小是否超过报告标准,它都要向委员会报告该交易商所有的以该商品为标的的期货和期权头寸。通常,报告所涵盖的交易商头寸占到所有持仓量的 70%~90%。交易委员会可以根据实际情况调整品种头寸报告的起始标准,以达到对期货市场监管效果和期货行业的报告成本之间的平衡。

商业头寸交易者和非商业头寸交易者(Commercial and Non-commercial Traders):委员会将需报告头寸的交易商分为两类,分别是商业头寸交易者和非商业头寸交易者。如果交易商持有的某种商品期货的头寸符合交易委员会关于套期保值的规定[1.3(z)],那么他持有的所有这种商品的期货头寸都被定义为商业头寸。交易商一般通过向交易委员会做出声明（提交 CFTC 40 表），以表示自己参加交易是出于商业目的，来取得交易委员会对它现货商资格的认定。声明的内容是："……参与现货交易市场，并利用期货期权市场进行套期保值。"为保证这种确认的准确性和持续性，委员会的员工会实施再确认措施看交易商进入市场是否还有其他目的。

交易商可能在某些商品市场是商业头寸交易者，而在其他商品市场是非商业头寸交易者。但是同一个交易商在同一个商品市场中不能既是商业头寸交易者又是非商业头寸交易者。虽然如此，一个拥有多重交易主体的多功能机构在同一商品市场中可以有不同的身份。例如，在金融期货市场上，某金融机构作为银行，它的头寸是商业性的；同时它拥有的独立理财机构的头寸可能是投机性的。

非报告性头寸（Nonreportable Positions）：非报告性的多头和空头头寸是由总持仓分别减去可报告性多头、空头头寸而得出的。从而，对于非报告性头寸，我们无从得知交易者的数量以及他们是商业头寸交易者还是非商业头寸交易者。

套利（Spreading）：在"期货"交易员持仓报告中，套利头寸表示的是非商业性的套利者同时买进和卖出相关期货合约以获取价差利润的各种套利的程度。在"期货与期权"交易员持仓报告中，套利头寸则表示的是非商业性的投机者同时买进与卖出相关期货和期权合约以获取价差利润的各种套利的程度。例如，一个欧洲美元期货的套期保值者持有 2 000 张多头合约和 1 500 张空头合约，在报告表格中体现为，"多头"栏 500，"套利"栏 1 500。这些指标不包括不同市场间套利的情况，例如，欧洲美元期货的套利和国债的套利不能归到一起（关于套利的更详细解释见下文"其他类持仓和原有持仓"）。

上次报告以来的变化量（Changes in Commitments from Previous Reports）：即本次报告数据和上次报告数据的变化量。

占总持仓的百分比（Percent of Open Interest）：在"期货"交易员持仓报告中，占总持仓的百分比是对总的未平仓合约而言的；在"期货与期权"交易员持仓报告中，占总持仓的百分比是对总的调整过的期货未平仓合约头寸而言的。小于 0.05% 的被计做 0.0%，由于这种近似，这些比例的和并不一定是 100.0%。

交易者的数目（Number of Traders）：在统计可报告头寸的交易者时，每个交易者只被计算一次，不论这个交易者是否被归入不同的栏目下做了统计（非商业头寸交易者可能只是空头或多头,还可能持有套利头寸;现货交易商则可能是空头或者多头)。但是,在统计各类别的交易者的数目时,每个类别里凡是持有头寸的交易者都会被统计。所以,在各类别中统计出来的交易者的总数通常会超过市场中的总交易者数目。

原有持仓和其他类持仓(只出现在详细版中)(Old and Other Futures):对存在明确上市季节或者收获年度的特定商品,交易员持仓报告中将它们细分为其他类持仓和原有持仓。表2.2列出了这些商品的种类以及上市季节或收获年度内的第一张和最后一张期货合约。为了不在单一的期货到期日之前暴露仓位,在上一个收获年度内的最后一张合约的第一个交易日,最后一张合约的数值将被归并到下个收获年度,称为原有持仓。例如,芝加哥商品期货交易所小麦,收获年度的第一个月是7月,上一个收获年度最后一个月是5月。在2004年5月3日(2003收获年度的最后一张合约的第一个交易日)时,2004年5月的期货头寸和2004年7月的期货头寸会合并在一起统计为原有持仓,在之后月份里面的期货头寸则被记为其他类持仓。

表2.2　　　　　　　按农业年列示的各主要市场的交易员持仓报告数据

市场	第一张合约	最后一张合约
CBOT 小麦	7 月	5 月
CBOT 玉米	12 月	12 月
CBOT 燕麦	7 月	5 月
CBOT 大豆	9 月	8 月
CBOT 豆油	10 月	12 月
CBOT 大豆粉	10 月	12 月
CBOT 粗米	9 月	7 月
KCBT 小麦	7 月	5 月
MGE 小麦	9 月	7 月
CEM 瘦肉猪	12 月	10 月
CEM 冻猪腩	2 月	8 月
NYBT 可可	12 月	9 月
NYBT C 等咖啡	12 月	9 月
NYBT 二级棉	10 月	7 月
NYBT 浓缩冻橘汁	1 月	12 月

注:CBOT:芝加哥期货交易所;KCBT:堪萨斯城交易所;MCE:明尼阿波利斯交易所;CME:芝加哥商业交易所;NYBT:纽约期货交易所。

资料来源:商品期货交易委员会(www.cftc.gov)。

对"原有持仓和其他类持仓"这个指标,在一个收获年度内的套利是以相等的空头和多头头寸计算的。如果一个非商业头寸交易者在原有持仓中持有多头,在其他类持仓中持有空头,那么这个多头头寸就会归到老收获年度内的"多头"栏,同时空头头寸归到其他收获年度的"空头"栏。在这个例子中,在"所有"种类里,统计了每个交易者的所有头寸而不考虑收获年度,"套利"显示了交易者的仓位。所以,多头、空头和套利指标之和肯定不等于"所有"下的相关指标。差异来自交易者对老收获年度和其他收获年度的跨期套利。

集中比率(只出现在详细版中)(Concentration Ratios):它统计了前四位和前八位持仓量最大的报告性交易者,而不论其是否被归为套期保值者。集中比率是基于总多头、总空头和净多头、净空头计算出来的交易者头寸。"净头寸比率"是在冲销每个交易者相等的多头与空头头寸以后计算出来的。因此在单一市场里,一个具有相对较大的、多头与空头相对平衡的报告性交易者,也许会出现在总多头、空头栏目里的前四位或者前八位中;而以净多头、净空头来度量的时候则不一定会出现。

接下来,我们将通过 2004 年 7 月 7 日公布的芝加哥商品期货交易所小麦持仓报告,从更深的层面上来分析这些数字传达给我们的信息(见表 2.3)。我想让大家注意"商业头寸交易者"这一栏下面的数字,他们可是我们的好伙伴啊!在下面的表格中,我们可以看到有 77 217 张多头合约和 58 882 张空头合约。总的来说,多头合约比空头合约多18 335 份。这也许意味着市场走势比较好,但是独木不成林,只凭一周的交易员持仓报告不足以指导我们的交易操作。

实际上,从表中的"变化"栏下的数字我们可以看出,现货商减少了 4 178 张多头合约,这个数字大于现货商对空头合约减持的数目 3 045。所以,表面上他们仍然持有净多头头寸,实际上他们不仅没有增持,还在减持多头头寸。现货商持有了 50.1%的多头头寸和 38.2%的空头头寸。

下面我们将从几个方面来理解现货商的头寸,看他们是如何建仓和布局的,以便我们能顺势而为。虽然一周的报告并不能够让我们清楚整个市场的局势,但是不积跬步,无以至千里,我们必须从分析周报告开始来了解全局。为了更深入地了解市场,我们还将分析随着时间的推移商业头寸交易者是如何增加头寸的,还会将他们的这种行为和市场中其他交易商的行为进行比较。

表 2.3　　　　　　　　　　　　　　**CFTC 的简短版**

WHEAT-CHICAGO BOARD OF TRADE FUTURES-ONLY POSITIONS AS OF 07/27/04							NONREPORTABLE POSITIONS	
NON-COMMERCIAL			COMMERCIAL		TOTAL			
LONG	SHORT	SPREADS	LONG	SHORT	LONG	SHORT	LONG	SHORT
(CONTRACTS OF 5 000 BUSHELS)					OPEN INTEREST：		154 277	
COMMITMENTS								
35 655	53 872	13 699	77 217	58 882	126 571	126 453	27 706	27 824
CHANGES FROM 07/20/04(CHANGE IN OPEN INTEREST：				−1 893)				
720	−1 279	−1 722	−4 178	−3 045	−5 180	−6 046	3 287	4 153
PERCENT OF OPEN INTEREST FOR EACH CATEGORY OF TRADERS								
23.1	34.9	8.9	50.1	38.2	82.0	82.0	18.0	18.0
NUMBER OF TRADERS IN EACH CATEGORY(TOTAL TRADERS：				248)				
66	91	51	62	58	159	180		

资料来源:商品期货交易委员会(www.cftc.com)。

　　在交易员持仓报告简短版(表 2.3)中,关于市场的另一个重要参与者(散户或者非报告性交易者)只有一些概括性的信息。表 2.4 是详细版的交易员持仓报告,从中我们可以知道散户的周交易数据。

表 2.4　　　　　　　　　　　　　　**CFTC 的详细版**

Commitments of Traders-Futures Only, July 27, 2004								
：Total Nonreportable			Reportable Positions					
---- ：Positions								
：	Open ：		Non-Commercial		：	Commercial	：	Total
： Interest ： Short ：Long	Long ：Short ：Spreading：				Long ：Short ：		Long ： Short	
： ： (CONTRACTS OF 5 000 BUSHELS)								
：								
All ：	154 277：	35 655	53 872	13 699	77 217	58 882	126 571	
126 453：	27 706	27 824						
Old ：	151 673	36 166	54 078	12 732	75 478	57 902	124 376	
124 712：	27 297	26 961						
Other ：	2 604：	427	732	29	1 739	980	2 195	
1 741：	409	863						
： ： ：								
： ： ：			Changes in Commitments from：July 20, 2004					
： ： ：								
：	−1 893：	720	−1 279	−1 722	−4 178	−3 045	−5 180	

6 046	3 287	4 153					
:	:	:	Percent of Open Interest Represented by Each Category of Trader				
All :	100.0	23.1	34.9	8.9	50.1	38.2	82.0
82.0:	18.0	18.0					
Old :	100.0	23.8	35.7	8.4	49.8	38.2	82.0
82.2:	18.0	17.8					
Other :	100.0	16.4	28.1	1.1	66.8	37.6	84.3
66.9	15.7	33.1					
:	:						
:	:						
: # Traders:			Number of Traders in Each Category				
All :	248:	66	91	51	62	58	159
180:							
Old :	247:	69	92	48	61	57	158
176:							
Other :	57:	7	8	2	11	32	19
42:							

资料来源:商品期货交易委员会(www.cftc.gov)。

现在,我们感兴趣的是这些非报告性交易者,他们在市场中的交易额如此之小,以致政府不会去担心他们的交易行为是否会影响到整个市场,而且他们的交易操作总体上来说是亏钱的。这意味着我们最好能在每笔交易中都采取与他们相反的策略。可怜的无知的他们,对于市场的运行方式并不知情,情绪化和跟风是他们通常的策略。我们要反向操作和他们说再见。实际上,当我在运用这些数据构造一些市场指标的时候,你们就会更加清楚散户或者说这些小额交易者,通常进行着和商业头寸交易者恰恰相反的操作。

注意:商品期货交易委员会最近对报告制度做出了一些更改,我们应该去关注这些变动。从2005年1月20日开始,因为大户的头寸规模变化,商品期货交易委员会在这方面做出了相应的改动。他们改动的原因在于,使得占未平仓合约75%～90%的交易者成为需要报告头寸的大户。所以,每隔一段时间,随着持仓量总数的增减,商品期货交易委员会也在不断调整需要报告的最低头寸规定。

最近一次的最低头寸报告变动发生在2000年5月,所以我们可以看出,这些规定的变动并非很频繁,不是每周都有的。这方面最大的变动发生在标准普尔迷你(S&P E-mini)报告制度中,从之前持有300张合约即大户的规定,到现在的1 000张合约。我肯定你们对这些有所耳闻,同时我认为这些数据变动会对市场形成一定的冲击。表 2.5 展示了大户的最低报告头寸的变动。

表 2.5 大户报告

商品种类	之前头寸水平	从 2005 年 1 月 20 日开始的头寸水平
农业		
小麦	100	150
玉米	150	250
大豆	100	150
棉花	50	100
11 号白糖	400	500
3 级牛奶	25	50
自然资源		
天然气	175	200
原油,去硫——2 号取暖油裂解价差	25	250
原油,去硫——无铅汽油裂解价差	25	150
无铅汽油,去硫—— 2 号取暖油	25	150
金融期货		
30 年期美国国债	1 000	1 500
10 年期美国国债	1 000	2 000
5 年期美国国债	800	2 000
2 年期美国国债	500	1 000
3 个月欧洲美元存款利率	1 000	3 000
30 天联邦基金利率	300	600
1 个月伦敦银行同业拆借利率	300	600
E-迷你标准普尔 500 股票价格指数	300	1 000
标准普尔中盘股 400 指数	100	200
道一琼斯工业平均指数	100	200
纳斯达克 100 指数	100	200
罗素 2000 指数	100	200
日经指数	100	200

注:对 2005 年 1 月 20 日及之后的大户有效。从 2005 年 2 月 25 日起做的报告采用最新报告标准。上述表格中不包含的商品期货种类的报告水平没有发生变化。

资料来源:商品期货交易委员会(www.cftc.gov)。

我们的工作才刚刚开始

到现在为止,你们已经知道该从哪里和如何获取专业人士以及非专业人士的交易信息,但这只是冰山一角,因为光看这些表格并不能告诉我们很多。最好能深入地分析他们的交易行为,我们才能更准确地判断这个市场到底是走牛还是走熊。

想知道我是怎么做的吗? 很好,接着往下看……

第三章

研读商业头寸交易者的交易记录

祈雨舞要显灵,时机很重要。

——古老的印度谚语

现在你已经知道了谁是商业头寸交易者。我将展示他们在过去 20 年的真实交易记录。这样,你们不仅可以学习他们的交易和投资模式,而且可以更好地了解这些家伙们在市场中是如何操作的。

一个普通的假设是:如果套期保值者拥有净多头头寸(他们持有的买方合约多于卖方合约),价格就会上升。但是,正如你要看到的,事实并不是这样的。商业头寸交易者的买卖并不像电灯开关操纵电灯一样,可以立即让市场价格上升或下降。了解这些商业头寸交易者和从他们身上获取利润是有很大差别的。除非你了解他们建仓和分仓的基本方式,否则你会感到迷惑。这就是本章的目标——确认你已经完全了解了这些商业头寸交易者是如何进出市场的。在第四章,我会解释我用于关注他们的指标。

我花了许多年的时间去领会这些深受尊敬的投机者的精明。在这本书中我的任务就是在尽可能短的时间内告诉你们尽可能多的知识。我是通过看图表(一张接一张地看)来学习怎么进行交易的。因此我为你们准备了一些图表来做做热身。

小麦 1992～1998 年

图 3.1 的小麦周线图就很典型地说明了套期保值者的买卖活动(这样的图还有很多)。因为面包是生活必需品,所以小麦可能是这个地球上最常见的一种商品。小麦交易也已经进行了几百年,它可以教给我们很多东西。首先,让我解释一下这张图。图的上半部分是小麦价格的周线图。我喜欢用周数据主要是因为周数据数量不多,方便追踪同时又能比较及时地反映商业头寸交易者的仓位变化。另外我喜欢简洁,所以这些简洁的周线图就是我一直在使用的分析工具。月数据当然也可以,但是它们不能及时告诉我们商业头寸交易者是否已经重仓持有了多头头寸或空头头寸。

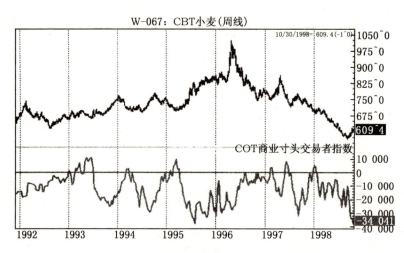

资料来源：吉尼斯金融技术有限公司(www.GenesisFT.com)。

图3.1　商业头寸交易者持仓中的净多头

　　图的下半部分是这些交易者持有的多头和空头部位的差额即净头寸——等于交易者持有的多头合约数量减去空头合约数量。净头寸可以是净多头或者净空头。中间这条水平的零度线代表多头合约和空头合约的数量相等，即商业头寸交易者持有相同的空头合约和多头合约。当净头寸在零线上方时，说明交易者持有的多头合约多于空头合约，当净头寸位于零线下方时，说明交易者持有的空头合约多于多头合约。继续观察这张图表，我们就会吃惊地发现这样一个事实：商业头寸交易者经常持有净空头。事实上，在7年的交易记录中商业头寸交易者只有6次处于净多头！

　　回顾第二章我们可以知道，这些交易者是套期保值者并且经常处于卖方。你现在可以看到，他们那6次保持多头是很不寻常的。虽然市场不同情况不同，但是一个普遍的原则是：他们倾向于卖出而不是买入，你将会看到，在许多市场他们从来不持有净多头。

　　通过这些我们发现许多有趣的市场现象。首先，商业头寸交易者持有净空头并不意味着市场会下跌。他们并不是把市场作为一个投机的市场。他们只是利用市场来买进（或卖出）他们需要的（或不需要的）商品。

　　其次，从图3.1中我们还可以看到，每次当商业头寸交易者的买盘超过卖盘，从而持有净多头的时候，市场价格的上涨就不远了。

　　我敢打赌，现在你正在问自己一些问题，并且正在做一些深入的观察研究。

一个普通的问题是：当商业头寸交易者在卖出的时候，市场价格为什么会上升？答案是他们卖出的是他们自己拥有的商品。他们并不企图通过卖出期货合约来获取利润，而是通过把他们生产的产品卖到市场上来获取利润。他们并不打算使市场价格下降，而是通过在合约到期时交割商品来获取利润。一定不要忘记，商业头寸交易者不是通过买卖合约来获取利润；他们是套期保值者，利用市场来买卖他们拥有的或他们想拥有的。

一个深入的观察

这个深入的观察结果就是：临界值很重要。那正是我们要寻找的——牛市或熊市的临界水平，用来帮助我们确定市场的顶部和低部，更重要的是告诉我们应该持有多头还是空头头寸。到那时，就在那时，商业头寸交易者采取行动了。当然，他们不会大张旗鼓地说："各位，听着，今天开始卖出了。"所以，一旦这个临界水平的标准确定了，我们将会利用其他一些工具来确定进入市场的时机。

图3.2和我们刚才看到的图3.1是完全一样的，只不过我在上面划了虚线来表示商业头寸交易者买卖的临界值。这样我们能更好地读懂图表，更好地领会突破临界的重要性。

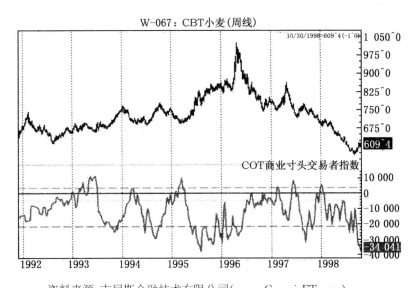

资料来源：吉尼斯金融技术有限公司(www.GenesisFT.com)。

图3.2　商业头寸交易者持仓的极值情况

请注意,在零线之上,不需要太大的买盘也不需要更多的时间就可以引发价格的上涨;但是价格下降(同样的幅度)却需要很多的卖盘来推进,在零线下方比上方需要的卖盘更多。这都归因于我们前面提到过的一个事实:套期保值者通常都是卖家,所以我们需要依靠大量的卖盘和少量的买盘来确认趋势。

黄金 1999～2004 年

从图3.3我们可以看到,上面的观点同样适用于黄金。早在2002年,这些商业头寸交易者就一直持有净空头,但是市场并没有跳水下跌。这个事实令许多人感到迷惑,但是我们很清楚,因为我们寻找的是临界值。事实上,是资金在2004年的一个历史性的大卖盘造成了金价的下跌。我劝你记住下面这一点:是商业头寸交易者关于市场走势的绝对看法在提示我们该怎么做。如果他们只是刚刚开始卖的比买的多,除非这是一个临界水平,否则对我们毫无意义。

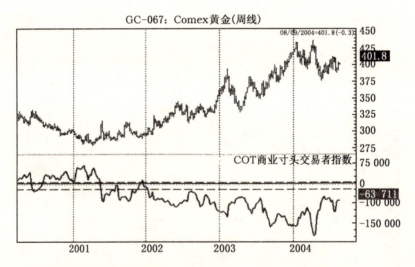

资料来源:吉尼斯金融技术有限公司(www.GenesisFT.com)。

图3.3　黄金价格走势

这些商业头寸交易者在这一点(2004年那次)的卖盘比前面6年中的任何时候都多!

咖啡 1987～1993 年

关于咖啡的长期图表(见图 3.4)告诉我们同样的内容:是商业头寸交易者买卖的临界水平为我们确立了最好的买卖点,但是零线上方买的临界值和零线下方卖的临界值到零线的距离是不等的,注意——前者要小于后者!

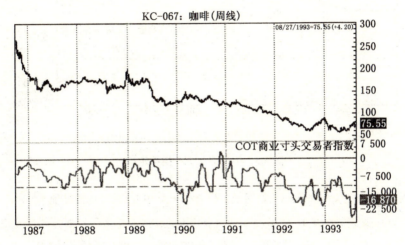

资料来源:吉尼斯金融技术有限公司(www.GenesisFT.com)。

图 3.4　咖啡价格走势

就像你在图 3.4 中看到的,1987～1993 年间,除了在 1990 年末短暂的持有净多头—— 一个临界点以外,这些商业头寸交易者一直持有净空头头寸,即持有的卖方合约大于买方合约。与此相一致的是,在这 7 年中价格只有一点点的小幅上涨。

股指期货市场的情形

图 3.5 是关于标准普尔 500(即美国股票价格最好的衡量指标)期货合约的交易情况。刚才我们说了,临界高值预示着牛市,临界低值预示着熊市。记住这一点,再来看这个图表,你将会看到一个惊人的事实:从 1998 年的秋天到 1999 年,这些家伙真的给我们展示了一个绝好的买入点。那个点上他们的买盘创出 5 年来的历史新高。伙计们,这些

家伙才是真正的大买家!

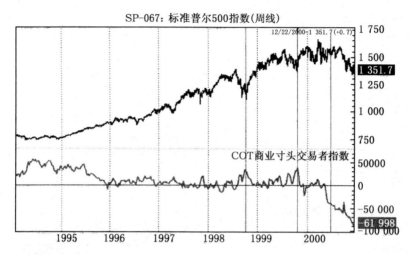

SP-067:标准普尔500指数(周线)

资料来源:吉尼斯金融技术有限公司(www.GenesisFT.com)。

图 3.5　标准普尔 500 指数走势

　　同样,他们的卖出也预示着好时机。检查一下那些大卖单,我们发现 2000 年初,一个 70 年一见的熊市开始时,这些交易者持有标准普尔 500 指数的空头合约达到空前的高水平,同时标准普尔 500 指数也是 18 年内跌得最狠的一次。股票市场跟着大幅下跌,而这些内行人在市场转折的关键点位赚取了上亿美元。正是这些商业头寸交易者的重仓位让我们兴奋——这些市场走牛或走熊的临界值具有最强大、最可信赖的预测能力。

回　顾

　　事后,许多博学者认为这次暴跌是由许多因素引发的,譬如克林顿政府执政能力的下降、高技术增长的结束、极端的市场估值水平和经济周期的循环等。真实的原因是什么并不重要,对于投机者来说也没有什么用。我们想要的是在那一时刻,有某种力量可以告诉我们去卖出股票,商业头寸交易者就是那种力量。

　　我们从前面图表中看到的,可以归纳为一个规则:当商业头寸交易者极度看涨或看跌的时候,我们只要和他们保持一致行动,就会有钱赚。

利用商业头寸交易者数据学习的第一课

多年的高净多头会引发牛市，多年的高净空头会引致熊市

这很简单，当你看到商业头寸交易者的买盘达到多年来的一个最高点时，就可以期待价格的疯狂上涨(反之亦然)。请注意，市场指数不需要保持在峰(或底)位。事实上，当趋势开始明确时，商业头寸交易者往往会摒弃图表。我劝你们不要期待他们会在临界点上维持很久，因为一旦他们重仓持有某种头寸时，他们就会利用套期保值来进行对冲操作。

记住，我们寻找的并不是稍微有点大的买单或卖单，而是一个巨大的单子、一个创出历史性新高或新低的单子。一个简单的原则是将买卖单与最近四年的最大买卖单进行比较，如果更大，那就是历史性大单了。通过这样的分析，我们就能明了商业头寸交易者的资金流向。

英镑和大额买卖单

前面我们分析了农产品、贵金属，然后分析了股指，现在我们来看一下外汇。从图3.6中我们可以看到，1999年中期，商业头寸交易者持有的净多头头寸达到了历史新高——他们持有的净多头多于前14年的任何时候。这些商业头寸交易者不顾一切地买入，期待我们能够领会并加入他们的行列，一起追逐牛市。

接下来发生的就是投机领域的一些趣事。价格就像他们预期的那样开始上升，显示能上涨到8 000美元以上的样子。我想，在这种情况下，即使是最没有经验的交易者也可以从中赚钱。

不到26周后，这些商业头寸交易者开始抛出卖盘，他们持有的净头寸达到十年来的最低点。很明显，这些大家伙们在卖、卖，不断地卖，他们在为即将到来的市场反转做准备。所以，我认为我们必须持续地关注这类交易者在做些什么。他们评估市场状况，并对影响市场的因素做出反应，而不只是凭借对市场走向的信念来进行操作。就像旋转一个硬币一样，当他们觉得市场状况有变时，他们能够很快从看多转为看空。在这个例子

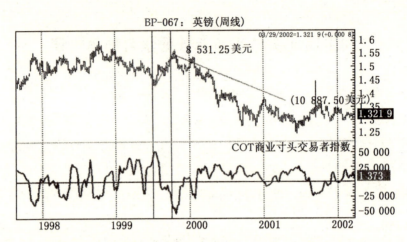

资料来源:吉尼斯金融技术有限公司(www.GenesisFT.com)。

图 3.6 英镑走势

中,他们的抛盘使抓住了这次机会的每个交易者平均从市场的下跌中获取了超过12 000
美元的利润。

这是我们的好朋友为我们描绘出的美好画面,并且以诺曼·洛克威尔(Norman
Rockwell)的条理清晰的风格展现给了我们,而不是保罗·塞尚(Paul Cezanne)的给人冲
击的印象派风格。每次当他们到达临界值时,我们就可以根据近几年的最高或者最低点
来断定是否可以进入市场。在前两步完成之后,接下来就要看我们自己的了。

———— 第四章 ————

交易员持仓报告指数

终于我们找到量化和解读商业头寸交易者行为的方法——报告解密了。

回顾上一章我们所说的,市场并不是全然无序或不可捉摸的。每件事的发生都有其源头,大体上说,就是市场的主导力量(商业头寸交易者)对市场价格走势的看法,以及从看法中引发的买卖行为。在这章中,我将告诉你们如何准确定量分析商业头寸交易者每周交易数据的第一个方法,以便我们有一个能够判断他们交易行为的连续的参考指标。

观察多年的历史价格数据,可以清晰地看到主要的价格高点和低点。但是,如果我们通过设计"商业头寸交易者买卖指数"的方式来标准化这些信息,就能有更多的机会,更简单地解读那些高高低低的价格波动。而这些指数我们可以用简单直接的数学公式表示。

我不能确定是谁第一个开始注意交易员持仓报告数据的,可能是史蒂夫·布里斯(Steve Briese)——一个有才气的、完全的信息跟随者,也可能是乔·范·尼斯(Joe Van Nice),一个钱多到可用现金直接在蒙大拿州买座大农场的交易商。如果不是他们当中的一个,我想那就是我了,因为我开始关注交易员持仓报告数据的时间比其他人都早。我和他们一样对比本周的净多头头寸或净空头头寸与以往3年的变化。以这样的方法,我们就可以到达我们的目标——建立一个指数,用本周的净头寸除以以往3年某些净头寸值,这样,我们就可以得到评判牛市程度的百分值。现在我将用这3年的数据来说明,当然这一方法还是有局限性的,但我们从简单的开始。

公式如下:

$$\frac{\text{本周净头寸} - \text{过去三年中净头寸最低值}}{\text{过去三年中最大净持仓量} - \text{过去三年中最低持仓量}} \times 100\%$$

例如:

本周净头寸:	350
过去三年中最低的周净头寸	-150

两者差值	200
过去三年最大净持仓量	750
过去三年最低净持仓量	−150
两者差值	600

$$本周的交易者持仓报告指数 = \frac{200}{600} \times 100\% = 33\%$$

这个公式的目的是把本周的净头寸值放入 3 年的历史中去观察,百分比越高,比如高于 80%,就说明多头头寸越高,也就是说多头氛围越浓。同样的,如果百分比越低,通常低于 20%,说明商业头寸交易者买入不积极,我们可以推断市场向下的压力比较大。上面提到的都是些非常好的参考点,高于 80%说明市场回升,低于 20%则市场下行。

请注意,我并没有说什么时候市场会回升,因为大部分指数都不指明时间。

上面的指标让我们得以洞悉那些乍一眼看去看不到的商业头寸交易者的行为和目的。这里有一个例子可以说明这一指标如何帮助我们监控商业头寸交易者开始增加的相对多头头寸。想象一下某种情况:商业头寸交易者在这周净买入。这看起来像做多。但这并不能表明市场进入了上升期,这就是长期观察的重要性。假定一个场景,现货商净买入了 1 000 张合约;并且在过去 3 年中他们最高的净买入纪录是 9 200 张合约,净买入最低的纪录值是 500 张合约。

我注意到,在这个例子中,现货商确实是持有净多头,但他们的多头头寸不多,只有 1 000 张合约,和以往三年中他们最高的多头持仓纪录 9 200 张合约相比,我们可以得到指数值仅为 5.7%[(1 000−500)/(9 200−500)×100%]。这说明虽然他们在买入,但买入的头寸和以往三年的买入纪录相比,买入量非常小,这暗示了他们看涨市场的程度非常低。

理论到此为止

现在我们把注意力转到现实数据上来,看看指数是如何和净持仓量一起提供给我们分析视角的。图 4.1 有关黄金周线图能很好地说明我的观点。在 2004 年中期,商业头寸交易者为净空头,而他们的交易员持仓报告指数(图 4.1 的下方)却从 0 陡然上升,5 月的时候达到 69%的高值,接着金价就反弹了(注意,虽然商业头寸交易者是净空头,但交易员持仓报告指数却上升了)。由例子我们可以知道,净持仓的绝对值大小在判断商业头寸交易者的行为时没有想象的那么重要,至少没有交易员持仓报告指数重要。

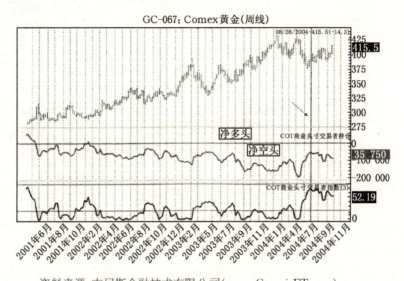

资料来源:吉尼斯金融技术有限公司(www.GenesisFT.com)。

图 4.1　黄金价格走势

就像我们看到的那样,尽管商业头寸交易者为净空头,从交易员持仓报告指数上我们却读到了做多的信号,再看看 2001 年 1 月,同样是交易员持仓报告指数的高点,看看发生了什么。明白了么? 交易员持仓报告指数是个相对指标,这就像生活中的相对论一样,当我住在蒙大拿的时候,3 月里比较暖和的气温是华氏 50 度,现在我住在圣多美,3 月里暖天的气温则高于华氏 85 度。

接下来,我们再看看图 4.2,1996~1997 年可可的价格走势图。我们可以看到这段时期里商业头寸交易者一直是净空头,这意味着他们把农场抵押了,然后拿着钱去市场里卖空吗? 我不这么看。这仅仅说明我们应该等待,直到商业头寸交易者开始大量卖出的时候才是我们的卖出点。我把这些关键点在图 4.2 中用竖线标示出来,同时,我也注明了如果我们在那些关键点卖出,我们可能的获利金额。

如果你考虑应该投入多少钱下注,那么对可可市场来说,1 500美元就可以了,可以跟随商业头寸交易者赚钱了。

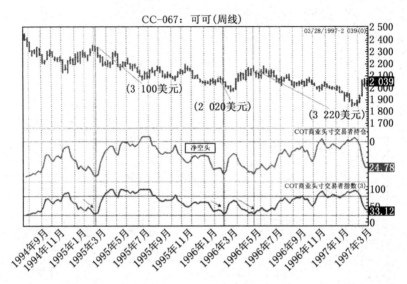

资料来源:吉尼斯金融技术有限公司(www.GenesisFT.com)。

图 4.2   可可价格走势

商业头寸交易者眼里的英镑

英镑是个交易非常活跃的品种,不仅仅是商业头寸交易者在交易,散户也在交易。图 4.3 表明在过去的四年里商业头寸交易者是如何在英镑上交易的。尤其需要记住的关键是,如果指数值超过了 75%,那么只说明了一件事:如今商业头寸交易者正在买入的净头寸比以往三年净头寸的 75%还多。这样的机会常常有,频率已经足够高了,可以帮我们找到市场的买入点。

原油市场的牛市

这并不意外,不是吗?当商业头寸交易者开始大量买入原油合约时,那么这同样开始了非常有利可图的价格上扬期(见图 4.4)。2004 年的能源危机早在 2003 年中期就埋下了伏笔,2003 年中期商业头寸交易者买入了大量的原油合约,同时交易员持仓报告指

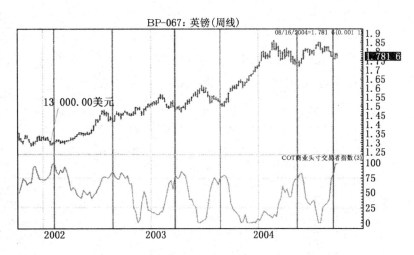

资料来源：吉尼斯金融技术有限公司(www.GenesisFT.com)。

图 4.3　英镑走势

数也上升到 100％,告诉我们三年里原油最大的上涨行情就要出现了。

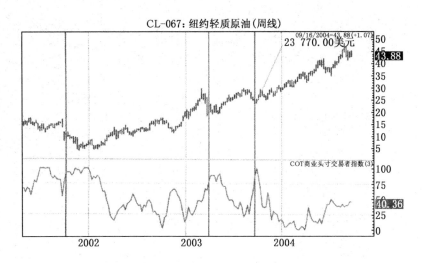

资料来源：吉尼斯金融技术有限公司(www.GenesisFT.com)。

图 4.4　原油价格走势

　　这轮大涨行情并不是完全没有原因的。这轮行情是个大餐,而商业头寸交易者制造了这轮行情是因为他们知道一些消息,同时,他们打算利用他们知道的内幕消息在期货市场上赚钱。有什么比交易员持仓报告指数能更好地反映卖出点和买入点呢？商业头寸交易者告诉我们了，至少告诉了读交易员持仓报告数据的人，他们正在做什么。当然，他们没有敲锣打鼓地昭告，也没有给我们发电子邮件，他们只是把他们的市场买卖行为向政府报告了。那么剩下的就是我们自己的事，我们读交易员持仓报告，解读这些数据并最后做出决定。

白银的牛市和交易员持仓报告

另外一个例子就是白银了。在图 4.5 涵盖的整段时期内，商业头寸交易者都在卖空白银。但是这个例子向我们证明了绝对的净头寸并不说明问题，有时甚至背离了市场行情。重要的是，与历史观察期相比的相对头寸。在白银的例子中，3 年期的相对头寸决定了一切。

资料来源：吉尼斯金融技术有限公司(www.GenesisFT.com)。

图 4.5　白银价格走势

如果你现在还不明白，你马上会的。在大多数市场中，一定会有不同的阵营，不同立场的买家和卖家，而且这一特征没有比在贵金属市场表现得更明显了，特别是黄金和白银。多头阵营，他们希望更高的价格，他们对白银下了咒语想要控制它。

这次白银的爆发上扬,在几年的时间里都让我们难以理解交易员持仓报告所揭示的数据。有人责备商业头寸交易者一直在卖空,有人责备他们没有在价格低点时买进,因为几年来商业头寸交易者一直在卖空白银。事实上,商业头寸交易者从 1984 年开始一直都在卖空(见图 4.6)。白银的暴涨源自于一个编织出来的"诱人"故事——地球上没有更多的白银了。他们一次又一次地重申"地球上只有大约 24 个银矿,并且生产量不太可能满足如今的白银需求量"。如果你不相信,他们还会有别的故事让你相信。但这些重要吗,真的重要吗? 我不这么看。故事永远是故事。对我而言,商业头寸交易者掷下几百万美元的事实比那些待在地下室里的人写的市场评论更有意义。

资料来源:吉尼斯金融技术有限公司(www.GenesisFT.com)。

图 4.6 白银月价格走势

既然我们了解到商业头寸交易者要利用市场为他们自己的商业目的服务,我们就能理解市场上究竟发生了什么。他们利用了市场——利用了白银的大牛市——去对冲他们在生产和消费中承担的风险。我们被戏弄了。如果我们在赌桌上,不用说,我们一定会输给那些职业赌徒和庄家。

事后回想起来,不得不承认商业头寸交易者干得很漂亮,他们在白银价格止跌回升的过程中卖出了存货。他们每次大量卖空时,白银的价格就下跌,在过去 22 年中,他们通过卖空获得相当的利润。并且,在 22 年的时间里,商业头寸交易者从来没有净买入过白银，连一周都没有。

所以让我告诉你们：

如果你看到商业头寸交易者持有净多头头寸，你就发觉了一个牛市行情。

阿门，兄弟。去教堂的时间到了，在白银的交易祭坛上歌颂吧，唱吧，尖叫吧，跳吧，就像小理查德(Little Richard)、杰瑞·李·刘易斯(Jerry Lee Lewis)或者像威廉·詹宁斯·布莱恩(William Jennings Bryan)，唱一首古老的白银的复兴之歌。然后我们懂了，当商业头寸交易者处在相对看多时期，我们也要买入；当商业头寸交易者处于相对看空时期，我们需要卖出。注意这个"相对"，这是关键，也就是说，即使商业头寸交易者为净空头，如果空头头寸相对于 3 年的历史空头头寸很小，他们随时准备跳到看多的船上。市场不是宗教，不是由信念主导的，它是金融实业，是通过商业头寸交易者在里面的买卖交易来反映的金融游戏。美国，就是这些金融游戏最活跃的地方，这也是她伟大的地方。通过这本书的学习，我会教给你如何去"读"这些市场的数据，来看懂市场的走势。你可以通过我的网站(www.ireallytrade.com)看到实时的数据样本。去看看我的网站，你会明白我就是用这些基本规则进行操作的。

我会再进一步讲讲商业头寸交易者的行为以及如何跟随他们，但现在我要先告诉你们一点别的……

———— 第五章 ————

门里门外

钱是从别人口袋里来的。

就像西方谚语说的，上帝一定是太爱穷人了，要不他为什么创造这么多的穷人呢？就像在股票和商品市场中，赚钱的是少数，亏钱的是多数。我看到一项报告的数据，表明90%的散户在交易中都亏了钱，或者保守一点地说，我认为大约80%的散户是负收益的。

对我来说这是一个很好的消息——那些输家一定是输给了某些人，我希望自己就是某些人中的一个。但同时这也是一个坏消息，因为我不想把自己的快乐建立在别人的痛苦上。幸好这一切并不是不可改变的。只要散户们去学习，买一两本书(就像你现在在看的)，他们就有更多的机会成为胜利者。不幸的是，他们更多地依赖于经纪人、银行家、姐夫或理发匠的建议。可谁都知道那些实际上并不可靠。

你想知道那些建议有多么不可靠吗？我会告诉你的。交易员持仓报告每周一刊，上面除了有商业头寸交易者的买卖记录情况，还有散户的交易记录——被归在报告中的其他类里。由此我们可以知道散户们是如何交易的，进一步可以知道散户们到底是判断对了，还是判断错了。图5.1就反映了棉花价格每周的波动，我们可以看到在价格区域下面还有一条曲线，它表示了散户们的净持仓状况——多头头寸减去空头头寸。注意看粗的水平零线，围绕这条水平零线的上上下下，我们就可以知道是净多头头寸还是净空头头寸。

在了解游戏的规则之前，你会看到普通的散户——比如你我，是如何输钱的。我并不是说所有的散户投机客都会输钱，我的意思是大部分的散户很有可能一直在亏钱，直到他们清醒过来继而开始学习游戏规则。

图5.1是1998年以后的棉花走势图。在这段时期里，熊市阴影始终笼罩着市场，棉花价格一路下跌，但是散户们一直在净买入。在你懂得散户们是如何操作、如何应对价格变动前，这里有两个关键观察量值得注意——最大的净买入头寸和最小的净买入头寸。

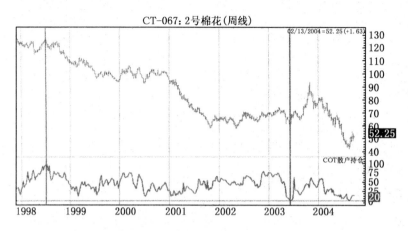

资料来源:吉尼斯金融技术有限公司(www.GenesisFT.com)。

图 5.1　棉花价格走势

最大的净多头头寸

从散户们的实际交易记录来看,他们最大的净买入发生在 1998 年的 7 月 3 日,但这却百分之百是无情的长达六年半的下跌的开始。

最小的净多头头寸

再次观察散户们的交易记录数据(这些我可编造不出来),六年半中的价格最低迷的时候发生在 2003 年 6 月 6 日,此时散户们的确是净卖出的——但此刻同时也是 6 年时间中最大涨幅的开始!散户们错失了在高点卖出和低点买入的机会。这些散户们所犯的典型错误在大部分市场的大部分时间里一次一次重演着。顺便问一声,你们有谁在 1998 年的时候卖过一张合约,那个时候的买家多疯狂啊,如果你卖了,你只要用 500 美元的成本就可以赚大约32 000美元。当然这需要一些前提,假如你当时卖空了,并且你在低点时平仓离场了。这仅仅是一个假设罢了。但是我们可以看到,观察散户们的行为可以帮助我们赚取潜在的利润。

假设在 2003 年的时候,就是散户们开始卖空的时候买入棉花合约,随着价格的上涨,我们有机会赚取16 000美元。你抓住了所有类似上面提到的两次机会吗? 恐怕没有,但我愿意认为你们抓住了大部分的获利机会。而上面提到的两个观察点(1998 年的高点与 2003 年的低点)的例子足以说明散户们错得有多离谱。言下之意是,我们可以把散户们的行为当作反向指标来预测市场动向,更需要把此当作一个教训——我们不能想当然地对市场做出判断(这往往是散户们的行为)。散户们的交易记录给我们敲响了警钟,除非我们修正自己的思维和方法,否则我们就会踏入他们的船——注定在金融风暴中沉没的船。

汇市上的惨重损失——英镑

现在让我们把注意力从商品(棉花)期货转到外汇期货上来,图 5.2 是英镑的价格走势。有人会问,外汇期货市场的散户是不是有一套有别于商品期货市场中散户的交易手段呢? 这当然是可能的。毕竟,他们是两个完全不同的市场——一个是现实的商品,另一个标的物则是不需要种植、培育,也没有丰收季节的货币。在图中,7 年的时间里,我们看到散户们一直在净买入。就像上一章里提到的,我们关注的不是净持仓量,而是相对的持仓百分比。我们跟踪的是他们对市场走牛或走熊的预期。

很多人虽然和我们一样分析数据,但方法不同,他们只关注净持仓量,按照他们的想法,当散户们开始净卖空时,他们就买进;当散户们开始净买入时,他们就卖出。可惜这不是正确的方法。对市场正确的解读应该从散户们相对持仓量的变化和他们仓位的急剧变化的角度进行分析。

就像图 5.2 英镑的例子,我们看到散户们极其看空市场——空头头寸最高的时候,是 2001 年 6 月英镑价格的最低点;而散户们极其看多市场——多头头寸最高的时候,离市场的高点也不远了。这是典型的散户们的交易行为,年复一年,他们一直如此,因为他们不知道我说的游戏规则。

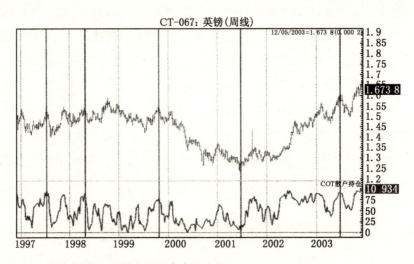

资料来源：吉尼斯金融技术有限公司(www.GenesisFT.com)。

图5.2　英镑走势

散户持仓指数应用规则一

当散户们的相对持仓指数相当高时，我们就可以卖出了；当散户们的相对持仓指数相当低时，那就是可以买入的时候了。

请注意，几乎每次伴随着散户们的净持仓量的急剧下跌——他们卖的比买的多，最佳买入点就会出现。一次又一次，如同我提到的一个又一个例子，每次散户们开始大量抛售的时候，价格就会止跌回升。相反，在散户们开始大量买入的时候却找不到一个实际上的最佳买入点。

这么多的散户亏损了这么多钱，这不足为奇。在市场上，散户们本能地高买低卖，虽然这并非他们的本意。而这种违背本意的本能每个人都有。要避免这种本能的发生，你必须重新塑造你的心理，这样你才不会在市场上涨并诱惑着每个人去买入的时候，也傻乎乎地跟着买入。现在，在你面前有两个选择：一个是依着你的本能去投资交易，另一个则是重新学习如何对市场做出正确的反应和决定。当然选择权在你的手中。

如果你选择了第二个，那么紧接着第二条规则就是关于如何应用市场数据。这条规则讲的是如何在金融市场中站在正确的一边。注意,下面就是第二条规则。

散户持仓指数应用规则二

总的来说,就是要懂得站在散户们的对面。当散户们在卖空的时候,你就买入;当散户们开始买入的时候,你就可以卖出了。

金子并不总是闪闪发光的

图 5.3 中有关金价的走势进一步说明了为什么我们绝不能随大流——随着散户走。相反,我们要站在他们的对立面并且打败他们。从图中我们可以看到,在 1995 年到 2001 年这段时间里有几次大跌。每次——的的确确是每一次——当散户们大量买入的时候,散户的相对持仓指数飙升,然后金价就倒塌了。就好像有股力量促使散户们在最错误的时间买进。我也有这种经验,当你们经历得久了,我确信你们也和我一样,一些直觉上的点子让我们在高点买入。

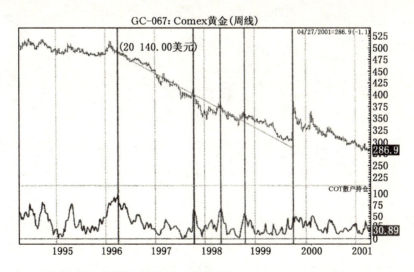

资料来源:吉尼斯金融技术有限公司(www.GenesisFT.com)。

图 5.3　黄金价格走势

对我来说,这就和用假蚯蚓钓鱼是一样的。我十分乐意邀请你们到我家附近的一条河里钓鱼,那是条我非常喜欢的河流。对于钓鱼,我有些秘诀,但其实钓鱼地点的选择比我的秘诀重要多了。假设在8月的晚上,你和我一起钓鱼,我们把鱼饵钓在钩上,挥出鱼竿,静静地一动不动地看着鱼标在水面上上下浮动。

第一竿没有钓到鱼,那就第二竿。这次我看到了一条大斑鳟小心翼翼地靠近鱼饵。我接下来怎么做呢? 让鱼饵就这么飘在那里吗? 当然不。我轻轻地牵引鱼竿,让鱼饵稍稍远离一点点。斑鳟跟着游过来,紧紧地盯着鱼饵。看到这情况,我知道,我马上就可以抓住它了。接着,我又扯了扯鱼竿,把鱼饵扯远了些——没错,远些。

突然,它猛地咬住了鱼饵,上钩了。我钓到了! 它上当了! 因为在鱼饵一次次被扯远的圈套里,它没耐心了,等不及地凑了上去。为什么我能钓到它做我的晚餐呢,因为我创造了一种紧迫性,让它没时间去思考该怎么做。

股票和商品期货价格的上下浮动同样给我们设了一个相同的圈套,然后哄骗我们上钩。如果我们立场不坚定,我们就会跌入圈套——人为刀俎,我为鱼肉了。

在我们身上会发生什么呢,上面的例子说明得再真切不过了,就像上帝不会说谎一样的真实。你会一直输,直到你开始学会如何不踏入那些危险的圈套。

在许多方面,你会发现交易员持仓报告周报中散户们的买卖行为与那条走进我圈套中的鱼的行为是一样的。所以当其他散户忍不住的时候,你还是要忍住。

大豆自白书

让我们再看一个例子,看看散户们是如何在错误的时间做出了错误的决定,就像自杀时奔向大海的旅鼠,不同的是,这次的大海是大豆市场(见图5.4)。我在图上标注了散户们买进的时点(高点)和散户们卖出的时点(低点)。

在2003年的下跌中,散户们看空气氛浓厚,买量极少——是1999年以来最小的买量。尽管从那次下跌后,市场一直上扬,但他们仍旧坚持不改变看法,不加大买量。这太糟糕了,当价格开始像烟火一样迅速上升的时候,你没有买进,这可是你投1 000美元就可以变成27 000美元的机会啊!

从生活的常识中,我认识到无论大众做什么,大部分时候他们都是做错了的。大多

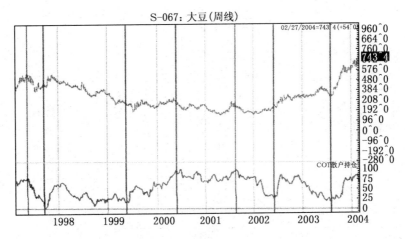

资料来源:吉尼斯金融技术有限公司(www.GenesisFT.com)。

图5.4　大豆价格走势

数人仅仅只代表人多,却不代表正确的概率大。事实上,在大部分的例子中,大众都是错误的。看看白宫——我们的政府——就知道了,如果还不够,再看看我们的税法。

　　所以,大多数人的看法中极少存在真理与智慧。金融市场同样蕴涵着这一道理,它同样向我们展示了所有生活的课题与智慧——它一次又一次向我证明了这些。下面还有一些图(见图5.5、图5.6、图5.7),你可以进一步地学习。它们都是随机抽取出来的,同样可以说明我上面提到的两条法则。

　　现在你已经明白了鱼儿上钩的基本原理,我将进一步告诉你们一些如何应用交易员持仓报告的实际方法。其实这很简单。我们应该和商业头寸交易者站在一条线上,这就要从交易员持仓报告中商业头寸交易者本周的仓位与以往三年的仓位比较后得出的交易员持仓指数中知道他们是看空还是看多;或者我们就和散户们做相反的操作。

应用交易员持仓报告指数,而不仅仅是净持仓量

　　让我们再看看刚才看过的木材价格图,不过这次我们看到的是回顾3年期的交易员持仓报告指数(见图5.8)。我在图中用粗的竖线表示出了每次散户的交易员持仓报告指数高于75%的时候。如果我们足够聪明在那些标出的时刻卖空,那么最小的一次价

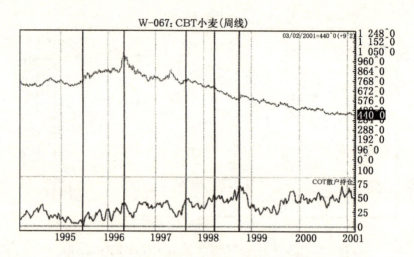

资料来源:吉尼斯金融技术有限公司(www.GenesisFT.com)。

图 5.5　小麦价格走势

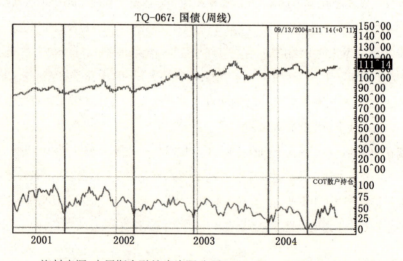

资料来源:吉尼斯金融技术有限公司(www.GenesisFT.com)。

图 5.6　国债走势

格下跌(2003 年 2 月)也能让我们投入的 1 500 美元变成大约 9 000 美元。可能你和大多数的读者一样,很有可能不知道木材也可以像黄金、小麦、玉米那样交易。事实上,它可以的,而且它的价格浮动的动力和其他市场上的动力也是类似的。还有很重要的一点就

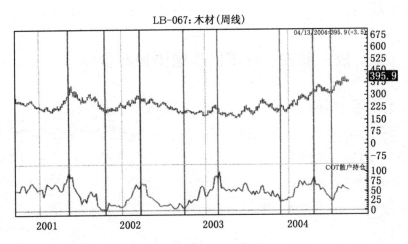

资料来源：吉尼斯金融技术有限公司(www.GenesisFT.com)。

图5.7 木材价格走势

是和其他市场一样,当散户们一致看多时——散户的交易员持仓报告指数高于75％,市场就开始下滑了,正确的卖空机会就在那里等着你呢。

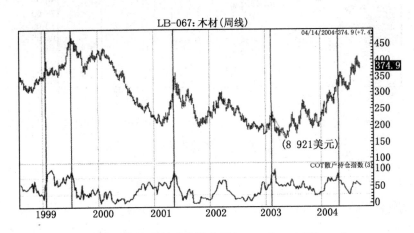

资料来源：吉尼斯金融技术有限公司(www.GenesisFT.com)。

图5.8 木材价格走势

但是,还是有个问题,虽然正确的卖空信号很明显,但何时平仓买入的信号却不怎么明显,因为,有时虽然散户们的交易员持仓报告指数已经低于25％了,但市场并不是每次都反弹的。仔细研究图表,我们发现虽然2003年底和2004年中期,数据表明散户们看空了市场,同时预示了未来的反弹,但还是有很多例子表明并不是每次都这么有效的。

散户熊市心理下的美国国债期货牛市

我将再讲解更多的一些图表让你们更快地熟悉如何应用这些图表。下一张图表是关于2000~2004年间的美国国债期货(见图5.9)。每次散户们看空美国国债的时候,它都会反弹,而且反弹的幅度还不是一点点。注意看2001年中期的那次反弹,投资3 000美元下去——那时的最低入市价,30个星期里你可以赚到一大笔钱——14 656美元。如果你投了30 000美元,那就是一次赚了146 560美元。

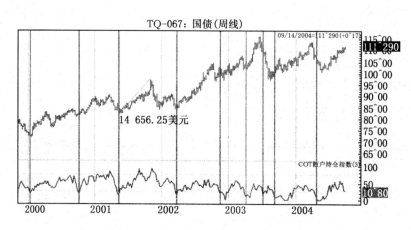

资料来源:吉尼斯金融技术有限公司(www.GenesisFT.com)。

图5.9 国债走势

这怎么可能?这是怎么发生的?难道散户们每次都输吗?这是三个好问题。这是真的,很遗憾但却是事实,散户们往往在高位买进。如果你想在市场上变得成功,那么你就必须懂得这一切是怎么发生的,然后避免同样的错误。我认为有三个原因导致散户们的失败:

1. 风险投资决策对散户们而言是非常情绪化的决定。

2. 散户们不懂得市场的游戏规则。

3. 散户们的情感总是凌驾于理智之上。

把钱从一个人口袋里掏出来,然后押在一个风险很大的投资中,失败的概率会很大,即使这次投资可能给你带来 5～10 倍的收益率。每次投资前,其实我们都在心灵上做拉锯斗争。因为每次投资,结果只有两种,不是赢就是输。没有人愿意输钱,特别是久经沙场的老交易员。我们的股票/期货经纪人、我们的妻子、我们的孩子、我们的朋友,甚至我们的敌人都可能很清楚我们很傻。但是,没有人愿意看起来很傻,特别是在关系到钱的事情上。

正因为我们在决策过程中加入了很多的情感因素,所以它往往变得极不正确。另外,就像我们生活中所做的种种决定一样,我们还犯了很严重的逻辑错误:我们等待观望的时间太长了。

事情往往是这样的。我们看到了一个很好的投机机会,但我们往往害怕或者担心,一直犹豫该不该投进去。毕竟,在我们还是小孩的时候,就被教导着"小心驶得万年船"。

这就是散户们输钱的原因了。散户们在面对一个好机会的时候,由于害怕或者担心,出于小心的考虑,他们往往需要更多的证据来证明他们的想法。同时他们一直被教导——"大众的智慧是正确的"、"等事情明朗了再做决定"以及"随大流"等大众哲学,这些哲学在我们生活中的其他地方是有意义的,是适用的,注意,是生活的其他方面,而不是在金融投资上。

道理显而易见,如果我们随大流,在一切都明朗后再决定,看似没有风险,但同时也意味着,不只是你,还有其他所有的人都得到了同样的信息,然后做出了同样的判断,大家都已经买入了,那么还剩下谁在你后面等着买入呢? 如果没有人在你后面以更高的价格买入,你哪里来的利润呢?

没有人在你身后了。一个都没有。

你和我,为了获得盈利,必须在大众买入之前就先进场买入,然后等着别人在我们后面进场来推高价格。如果我们等啊等,等到一切明朗了,等到红灯都变成绿灯,那么那时也就没有比你后进场的人了。

讽刺的是,如果你是因为害怕担心投资失利而犹豫观望的话,那就太不值了,因为只要使用止损指令,你比大众早一步进场的风险和同大众一起进场的风险是一样的。我说得够清楚吧! 我再讲具体点,当你在投资中应用止损指令时,那么无论市场看起来有多坏或者有多好,对你来说,风险都是一样的,你最大的风险,最大的损失就是你设置的止损点。这样做的话,在大家都卖出的时候你买入(提前进场)与你和大家同时买入,这两种情况下风险是一样的,而如果提前进场的话你就占有先机,有更好的机会。数不胜数的数据资料,一年又一年的、一个市场又一个市场的事实都验证了我上面的论断。

现在让我们再看一个例子来证明我上面所说的。如图5.9所示,我们回顾2000～2004年期间散户们买入美国国债的数据记录。

也许你会问为什么在美国国债上买入信号(散户们的持仓指数低于25%)是如此的有效,但在木材市场上却不那么有效呢?原因有两个,我会先告诉你们第一个,至于另外一个会在之后的章节中说明。虽然买入信号并不是在每个市场上都非常准确,但卖出信号——当散户持仓指数高于75%的时候,却往往都比较准确。

在我们进入下一章节前,我们再看最后一个商品市场的例子。选什么品种呢?不如就选散户们偏好的吧,嗯,那就选生猪好了。你可能会问:"拉瑞,你怎么知道散户们热衷生猪市场呢?"

这很简单,因为资金。生猪市场是所有商品市场中保证金最低的一个,所以我们在生猪市场看到许许多多的小散户——入场费的确很低。

如图5.10,天哪,多好的例子,看看图上那些卖出信号点,一个个都那么准确有效。比如第一个卖出点,你用3 000美元就可以赚取4 000美元,不错的收益,是吧。但这还不是这4年中最好的机会。

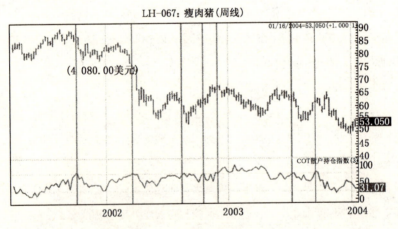

资料来源:吉尼斯金融技术有限公司(www.GenesisFT.com)。

图5.10　瘦肉猪价格走势

　　再次观察图表,我们发现在这 4 年期间,散户们强烈看空市场只有 3 次——2001 年中期、2001 年年末和 2003 年的秋季——这三次同时也是市场开始明显反弹的时候。啊!我们不禁要感叹,要谢谢这些散户们。因为他们的存在,我们只要在他们买入的时候卖出,他们卖出的时候买入就万事大吉了,多么简单的规则啊!

　　好了,目前为止,我们已经看过了商品市场,已经研究了散户们的行为。那么接下来,我们该看看大户们的交易记录了,他们一出手可就是几百张合约哦。那些合约值很多钱,比如 100 张标准普尔指数(S&P)合约可能值 200 万美元,再比如 100 张美国国债合约可能就是 30 万美元。这些大户们有钱,但又没有商业头寸交易者有钱,不可否认,他们确实对市场的走向有不小的影响力。现在我们来看看他们是如何交易投资的(见图 5.11)……

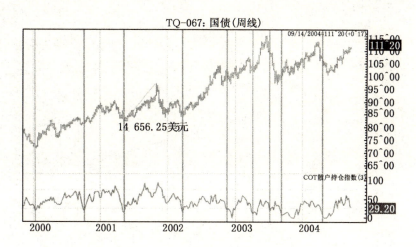

资料来源:吉尼斯金融技术有限公司(www.GenesisFT.com)。

图 5.11　国债走势

第六章

大户们其实并不如你们想象的那样伟大

大户们在不断地买进。

太多次了,经纪人总是不停地告诉我,大户已经进场了,所以市场走势将如何如何变化,然后催促我应该赶快跟进。问题是,实际上那些大户们交易投资成绩并不像我们预测的那么辉煌。

什么原因呢? 我马上告诉你们。不过我们先看看他们在各个市场的净持仓记录,以便我们了解他们的行为和市场价格是如何相互关联的,然后再看看他们的交易数据对我们是否有用。

让我们从金市开始吧,因为全球市场中没有哪个市场能像金市那样聚集那么多的大户。每天无数的筹码在金市里涌动,在中国香港、在中国台湾、在伦敦、在新加坡、在悉尼。图6.1是黄金价格的周线图,同时图下方的曲线(第二条曲线)代表了那些大户们的净持仓量。

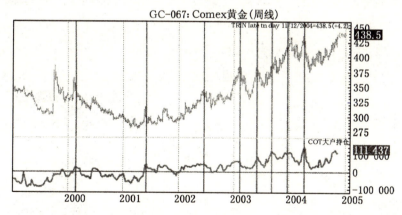

资料来源:吉尼斯金融技术有限公司(www.GenesisFT.com)。

图6.1 黄金价格走势

当第二条曲线的数值较高时,表示大户们正在大量买进(净持仓量为正),值越高,他们的多头头寸越多。相反,当数值低于 0 时,表示大户们在做空(净持仓量为空头)。

先了解大户的身份有助于了解他们的行为。事实上,绝大多数的大户指的是各种各样的商品基金。个人大户只是大户中的少数,市场上较大的多空行为大多出自那些基金公司之手,比如共同基金。所以当我们想到大户时,我们想到的应该是那些基金经理,而不是个体投资者。

现在让我们看看 1999~2004 年间的金价波动图(见图 6.1),然后再来评价大户们在这段时间内的操作。想想前几章我们说的,指数高代表他们在大量买进,指数低则反之。

在图中我们可以看到,在我标示出来的地方,大户们(基金经理)在做多(大量买进),每次他们做多的时候,金价就开始下跌了。

嗯,这不是我们想看到的,对吧?

继续观察图表,我们又发现,当大户们做空的时候(大户持仓报告指数很低),却往往伴随着市场的反弹。

在债市上他们的表现会好些吗?

让我们把目光投向债市(见图 6.2),看看大户们在债市的表现如何? 图 6.2 是 30 年国债(美国)周线图,同样,下方的第二条曲线代表大户们(基金)的净持仓状态。我在图中标出了他们最极端的做空或做多的几个点。

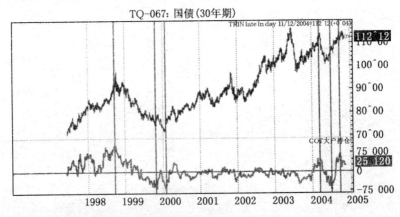

资料来源:吉尼斯金融技术有限公司(www.GenesisFT.com)。

图 6.2 国债走势

我们惊奇地发现,在每个最佳的卖出点,他们都在极度买进;在最佳买进点,他们却都在极度卖出。没有比这种操作更糟糕的了。

债券和黄金毕竟不是活牛

美国国债是人类创造的金融工具,金价往往和利率密切相关。它们都有个共同点,那就是它们的价格比那些农产品更多地受制于政治因素、战争恐慌和通货膨胀等的影响。所以接下来我们看看在那些最传统的农业商品上大户们是否会有好的表现?

图 6.3 是活牛价格的周线图和大户们(基金)的净持仓量。

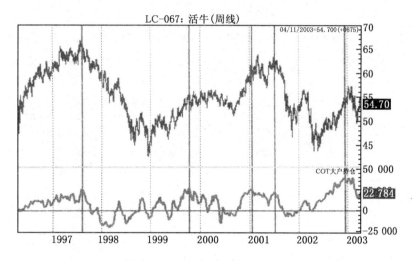

资料来源:吉尼斯金融技术有限公司(www.GenesisFT.com)。

图 6.3 活牛价格走势

同样我还是在大户们(基金)极度做多的点上标了直线。如果能预先知道市场的下跌,那对卖空方来说是一件多么美好的事情啊。图中一次又一次地表明大户们在高点大量买进而在低点大量卖出。因此,他们的糟糕表现与市场没有关系,只与他们自身有关。

他们怎么维持住大户的位置呢?

这是个好问题,既然他们的表现这么糟糕,他们是如何成为大户的? 为什么又能保持他们大户的地位呢?

要想理解这个问题,你必须先了解市场的动态性。还记得我告诉过你们大户们都是谁吗? 他们大部分都是基金经理。他们的身份可是关键。大部分的基金经理都有各自的投资风格——他们做事的方式,实际上,他们都是长期趋势投资者。也正因为如此,即使从图表上看,他们的表现很糟糕,但实际上大部分的基金经理通过做趋势投资获利。

做趋势投资的人不会一次买进,然后就什么都不做,傻傻地等价格像烟花一样往上冲。另外,市场的趋势越强,做趋势投资的人也会越来越增加他们的头寸。这里有个简单的例子,玉米价格从每蒲式耳2.3美元一直涨到了3.4美元,也就是说,用不到1 000美元就可以赚6 000美元。

当玉米的价格开始上扬的时候,一些嗅觉灵敏的和一些做短线趋势的基金看到了这种趋势,并捕捉到了进场的机会,开始买进玉米。假设他们作为一个整体(组1)买了1 000张合约,成本价格是20天内的最高值,他们判断正确了,玉米的价格继续上扬,然后呢,因为玉米的价格在涨,所以他们不会卖出(他们选择卖出往往是因为看到了一个趋势性的变化),他们正打算跟随着市场的波动——坐过山车,一直等到趋势性拐点的出现再离场。这时候另外一些保守的或做长线的基金经理开始进入市场建仓了,我们称他们为组2,组2也买入1 000张合约,成本价是40天内的最高值。

玉米价格持续上扬,创造了26周内的历史最高值,此时又有一批基金进场了(据我判断,大部分的基金属于这部分),我们称之为组3,他们也买入了1 000张合约。因为,此时没有出现回调,现在大部分基金都处于多头买入状态。

再接着,玉米的价格达到了52周里最高值,一批新的基金在此刻也入场,同样他们(组4)买了1 000张合约。几次下来,基金经理手里总共买进4 000张合约了。

之后发生的变化不是他们乐于见到的,玉米价格开始下滑了,跌到了20日内的最低价,同时最先买入合约的组1获利平仓。接着价格又反弹,创造了20日内的最高价,组1在这时又进场买进合约,现在,基金经理手里总共仍旧有4 000张买入合约,或者有更多的合约。

经历了前面的几组买入后，此刻玉米的价格已经爬升到每蒲式耳 3.4 美元的高度，而前 4 组的平均成本是 2.8 美元蒲式耳。最后玉米的牛市走到了尽头，玉米的价格往上爬了一点点就开始急剧下跌。

在销售商品与存货管理时，我们有两个原则：一是先进先出原则；二是后进先出原则。再回到市场上来，我们发现趋势投资者是严格遵守先进先出原则的。最先买入玉米合约的组 1 也是会最先平仓的人，当玉米价格回调到 30 日最低点时，比起其他组的中长线投资者，组 1 中的很多人都会选择平仓获益。对于组 2 来说也是一样的，当价格继续下跌时，他们也会平仓获利离场。最后对于在 52 周最高点入场的组 4 来说，他们在下跌趋势中待的时间比较长，即使市场下跌，他们也只会在价格跌到 52 周最低点的时候平仓。由于玉米价格没有跌破 52 周内的最低值，所以组 4 一直处于净买入状态。

明白了吗？趋势越强，越能吸引更多的买家，当趋势走入尾声的时候，市场里已经聚集了大量的基金，他们仍旧处于获利状态，因为他们的卖出点比成本价高。

典型的大投机客是场内自营交易商、私募基金或者小型对冲基金。通常，他们都是采用技术分析(分析图表等技术参数)手段在一个大趋势中进行投机，而且经常做过了头，因此我们不能追随他们。

如果你想更好地了解一种商品的长期走势，最好的方法是跟随那些做套期保值的，也就是商业头寸交易者。为什么呢？商业头寸交易者在市场中具有不可取代的重要地位，他们能直接接触现货市场，这是他们的优势——他们每天在现货市场上买进卖出，因此，他们对实际的市场价格有更好的理解，他们有非常多的信息，所以他们是从内行的角度来操作的。

当大户投机客的净持仓量达到一个极限的时候，市场的走向往往和那些大户们的期望背道而驰。具体来说，如果大户们看多市场，市场价格也一直在攀升，而且他们的持仓份额已经很高的时候，市场也就到了该调整的时候了。

大户们有能力，而且经常在赚钱，前提是他们抓住了市场的趋势，然而，非常清晰强劲的市场趋势并不多见。我推测，大概只在三分之一的时间里，市场会保持一个强劲的趋势，并且在这三分之一的时间里，市场还有可能发生突变，比如商业头寸交易者的介入和干预会左右价格走势，这时往往商业头寸交易者是正确的。当我们碰到强势上扬或下跌的趋势时，也需要特别小心。

理解交易员持仓报告

我们重新回顾一下交易员持仓报告,报告上列出了买入合约数和卖出合约数的总和。这些数据不能告诉我们大户们是什么时候进场的,只有他们买入和卖出的数量。但我们要看到一个逻辑,那就是市场上涨得越厉害,越多的大户们被吸引进来,也就是有更多的买家;当上涨趋势接近尾声的时候,也就是大户们持仓量最大的时候。严格地说,这些后进场的——在趋势尾端进场的——又往往继续支撑着趋势上扬的神话。

基金是如何交易的——X 说明了这一点

如果我的假设正确,那么基于前几章所学的,我们就能知道是什么促使基金们跳上了过山车。我们所要做的就是观察他们是不是在一个阶段性新高时——比如20周内的新高——增加了他们的买单,或者他们是不是在一个阶段性新低时卖出平仓(净持仓量减少)。换言之,如果我们发现在连续的几个阶段性高点或低点基金都采取了行动,那就可以知道那些阶段性高点和低点就是他们趋势操作的关键点。

X 在哪里? 让我们找找,在图6.4中,我画出一条线表示过去26周内的最高值和最低值。注意,当棉花价格止跌反弹到新高时,基金就会大笔介入,增加买量。

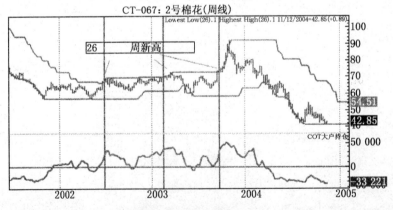

资料来源:吉尼斯金融技术有限公司(www.GenesisFT.com)。

图6.4 棉花价格走势

　　同样,当价格下跌到新低时,基金的净持仓量急剧下跌,说明他们正在出逃和更多地卖空。图中 2004 年年末的情况就是非常典型的例子——当棉花价格下跌到 26 周里的最低值时,基金们的净持仓量大幅下降。数据很清楚地表明基金们确实把这个最低点作为卖出点。

　　这不仅仅反映在棉花上,所有基金介入的市场都存在这样的现象。我们再看看图 6.5,关于加拿大元的一个外汇品种,一个和棉花完全不同的市场。但它们却有一个共同点,基金同样是在 26 周最高值增加买量,在 26 周的最低值也就是 2004 年中期的时候卖出。

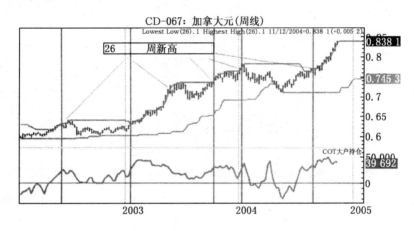

资料来源:吉尼斯金融技术有限公司(www.GenesisFT.com)。

图 6.5　加拿大元走势

　　从以上对大户们的买入卖出行为的研究中,我们可以很客观地说大户们在分析操作的时候十分倚重于一个时间段,所以他们会选择用 26 周作为其决策的参考期限。

　　为了更好地说明上面我的观点,接下来我们再看看生猪市场,又一个完全不同性质的市场。在图 6.6 中,竖线标出了生猪价格超过(低于)26 周时间内的最高(最低)价格,即价格达到新的 26 周高点或低点,我们看到在竖线的时间点上大户们是如何操作的。所以说 26 周的价格新低或新高与基金经理们卖出或买进有着高度的关联性。这种关联性是正相关的,也就是说阶段性新高的出现往往伴随着买量的增加,阶段性新低的出现则预示着买量的减少,卖量的增加。

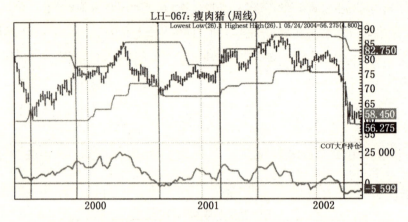

资料来源:吉尼斯金融技术有限公司(www.GenesisFT.com)。

图 6.6　瘦肉猪价格走势

用指数解读大户们的行为

　　我们可以用相同的数学公式去研究一下大户们的投机行为,就像我们用交易员持仓报告指数研究商业头寸交易者和散户们的行为一样。公式是一样的,唯一不同的是,当大户们的交易员持仓报告指数高于 80 的时候,我们应该卖出;反之,当大户们的交易员持仓报告指数低于 20 的时候,我们应该买入。最重要的就是我们要和大户们反向交易,下面有一些图可以很好地说明这一点。

　　第一张图(见图 6.7)是关于大豆的,它大概是全世界最重要的谷类,因为它的用途太广了,小到肥皂,大到冰淇淋、豆腐和各种奶制品。

　　图中 6 年的时间里,毫无疑问,我们可以看到最佳的买入点出现在大户们的交易员持仓报告指数低于 20 的时候,而最佳的卖出点则出现在大户交易员持仓报告指数高于 80 的时候。虽然图中无法表示出十分具体的"哪天卖出"最好,但却是一个不可多得的绝佳途径去了解市场下一步的主要动向。

　　我们再来看一个例子,关于咖啡的(见图 6.8),在几年的时间里,每次咖啡价格达到一个历史新高,大户持仓指数就高于 80,暗示大户们(基金经理)入场买进合约。相反的情况也是如此,每次价格跌破低点时,大户们就大量卖出。

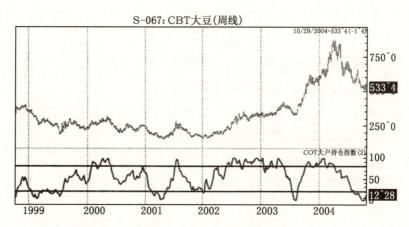

资料来源:吉尼斯金融技术有限公司(www.GenesisFT.com)。

图 6.7　大豆价格走势

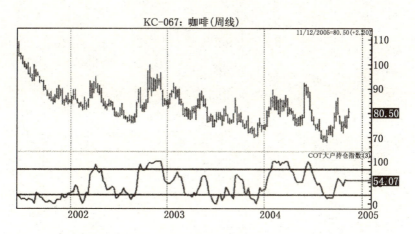

资料来源:吉尼斯金融技术有限公司(www.GenesisFT.com)。

图 6.8　咖啡价格走势

在我自己的网站 (www. ireallytrade. com)上,我还放了一些最新的图表,你们可以通过分析那些图表来验证我上面的观点。

等会儿我将把我提到的 3 个交易员持仓报告指数放在一起做个总结。这样你们能清楚明白商业头寸交易者、散户和大户们在市场中是如何互相抗衡的。但现在我希望你们能先记住一点:当大户们处于明显的极限位时(大量买进/大量卖出),我们应当和他们反向操作,而且是必须这么做。因为当基金经理们都入场的时候,这个趋势也就到头了。为什么呢? 很简单。

当基金如此明确表示他们站在哪一边的时候,市场上的所有人都已经进场了,没有了后续进场的人,自然就无人推动价格了。

没有后续资金的市场就像没有油的汽车一样发动不起来。基金经理的判断可能是正确的,但是当他们都如此判断的时候,他们却给自己制造了错误的陷阱,而这却是我们这些独立投机者可以利用的。

不要忘记这章教给你的,所以如果下次有人跟你讲大户们在大量买进时,准备看空吧!

———— 第七章 ————

成交量的真相

快乐又有什么用？它不能为你带来金钱。

商业头寸交易者、大户和散户的净影响可用两种方式表述。第一种是交易者与成交量相关：即研究一天、一周、一月或任一时间段内，某一商品进行交易的合约数量。由于价格运行离不开买卖的成交量，分析师们耗费了大量时间试图寻求如何将之代入方程式，以便对之后的价格运行进行预测。（第二种方式是持仓量，我们将在下一章进行讨论。）

很难说哪一种技术指标是最让人误解的。它们都带有迷惑性，通常仅仅是"安慰剂"，且本身很少具备巨大的价值。可我还是要将成交量评为所有技术分析指标中最荒诞的一项。

我曾多少次读到或者被告知在成交量放大的基础上，价格上涨即为牛市，我想总有几百次了。而我同样经常读到与之相悖的情况：价格反弹、成交量缩小即为熊市，价格下跌、成交量放大则更是如此。一本又一本的有关证券和商品的书籍都做出如此断言，并作为真理被广泛接受。

我们完全不清楚为何这些论断会被提出来。我猜它们听上去符合逻辑，其内容也已经由口头、书本以及现代的网页在交易者之间历代相传。

在此，我不对这种关联做这样或那样的实例分析。我想明确的是有用的真理。以下是我的发现。

接下来的8张资金曲线图显示了1990～2004年间标准普尔500指数期货合约买入开仓，并在第一个盈利点平仓或以3 500美元止盈为一交易段落的历史情况。这些模式并不具备可操作性，但能帮助我们更好地理解价格与成交量之间所谓的影响。当然，理想的资金曲线应从零开始，随着时间的推移，平滑而迅速地增长。

第一张图(见图7.1)显示了我们在价格与成交量的5日移动均线双双强于前一日时进行买入的情况。价格与成交量均处于上升趋势中。

在此交易策略下的资金图表看来并无多大盈利，至少对于短线交易者而言是如此。

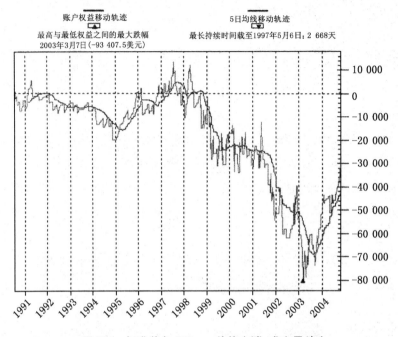

图 7.1　标准普尔 500——价格上涨,成交量放大

事实上,这一概念在过去的 15 年中是纯粹失败的。数据提示我们,价量齐升的状况并非牛市。

硬币的另一面

下面我们来看看当价格 5 日移动均线强于前一日、成交量的 5 日移动均线弱于前一日时,进行买入操作的资金(收益)线(见图 7.2)。一些所谓的行业专家告诉我们,这种价格上涨而成交量缩小的情形是熊市。

虽然算不上是大牛市,但此时进行买入策略下的资金(收益)线的确优于价格与成交量图形处于牛市常规图形的情况。有趣,不是吗?

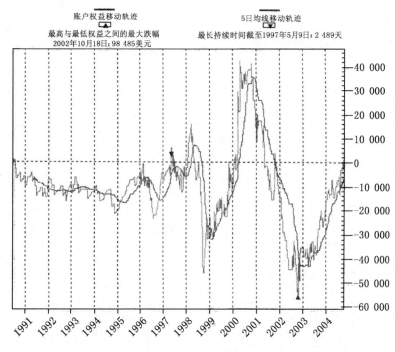

图 7.2　标准普尔 500——价格上涨，成交量缩小

日内情形

也许观察 5 日价格与成交量的走势是错误的，那么就让我们从头开始，看看 1 日内的走势。首先来观察一下当日价量齐跌而在次日买入开仓。这是技术派们所说的价升量跌的熊市情形。图 7.3 显示了资金(收益)情况。

另一种情况下，当日价格收跌而成交量较前日有所放大(见图 7.4)。价跌量升的情况就是图表派们告诉我们的熊市表现。我要让你们自行判断这究竟有多么熊。对我而言，这看来一点也不熊，事实上这种买入策略比之其他更有交易价值，也更有趋势性……但是，资金收益线开始下降，看来是我老眼昏花，判断问题也经常出错。本质上来说，对于成交量这东西我有些过于倚重了。

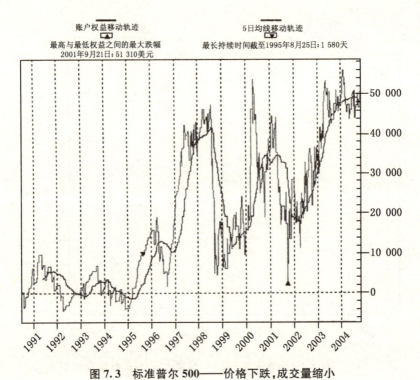

图 7.3　标准普尔 500——价格下跌，成交量缩小

从其他方面看价量关系

下一步来看看价量的长期关联情况。图 7.5 显示了相同的建仓结果。但是，只有当 50 日价格移动均线下行，而 8 日价格与成交量移动均线双双上行时，在成交量有所好转的弱市反弹进行买入（的交易）策略才有盈利。

再看硬币的两面

本系列的下一张图与图 7.5 一样，显示 50 日价格下行，而 8 日价格上行，但此时 8 日成交量的移动均线弱于前一日的情况（见图 7.6）。其实也就是长期价格下跌，而短期成交量缩小、价格上涨。相较于之前的例子，这看来并非良好的买入建仓时机，可能有点

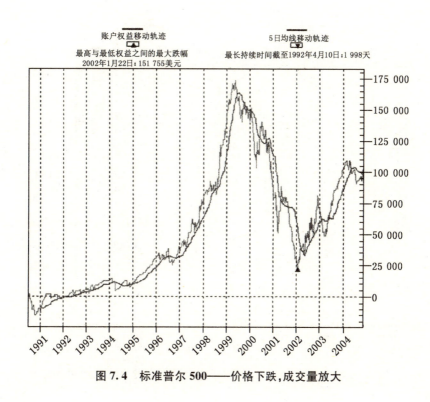

账户权益移动轨迹

最高与最低权益之间的最大跌幅
2002年1月22日：151 755美元

5日均线移动轨迹

最长持续时间截至1992年4月10日：1 998天

图 7.4　标准普尔 500——价格下跌，成交量放大

符合熊市中价格上涨、成交量下跌这种概念……在这里我提示一下，这并非压倒一切的
最重要的市场成功秘诀。

最后的回顾

　　如果到现在你们还不得甚解，振作一下：下面这几张图可能是最有意义的。第一张
图(见图 7.7)看起来价格同样低于 50 日前，但也需要价格的 8 日移动均线下行，而成交
量 8 日移动均线上行。书本会告诉我们这是熊市的状况，价格将随之进一步走低，或者
至少无法确立反弹走势。这是由于成交量过大，从而压制了价格。99.9％的研究投资的
作者们将之视为熊市。然而，标准普尔 500 走势显然没有遵从这些来源于量价关系交易
的资金曲线速成研究书籍的结论，市场随后就上扬了。

　　末尾提示，图 7.8 与图 7.7 相比，除了 8 日成交量移动均线向下以外，二者为同一

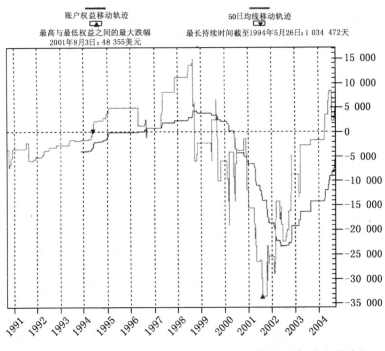

图 7.5　标准普尔 500——长期价格下跌,短期价格上涨,成交量放大

构造。

　　按照交易投资书中里提到的最熊市的状况——价格下跌而成交量放大,获利(反而)最多,且更为稳定,因而也比其他交易策略更具备可操作性。

对于成交量的长期观察

　　说够了标准普尔 500,让我们来看看一个全球联动市场——英镑。图 7.9 反映了一个成交量/价格模式下以 20 日为时间窗口的简单交易策略,测试这类模式时是连续的,因此可能出现交易中最糟糕的事:永远笔直下跌。量价模式将关注价格移动均线的趋势,并将之与成交量移动均线趋势相比较。在一切情况下,价格与成交量的移动均线所采用的时间参数是一样的,例如,把 60 日价格移动均线与 60 日成交量移动均线相比较。

　　在第一张图中(图 7.7)我们看到了价量齐升趋势下的结果,两者的移动均线均强于

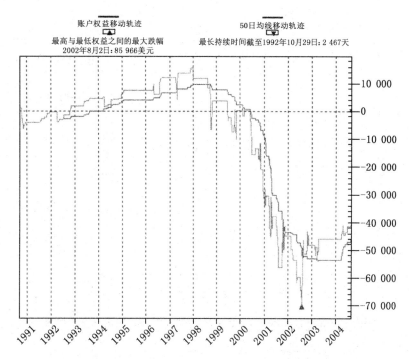

账户权益移动轨迹 50日均线移动轨迹

最高与最低权益之间的最大跌幅 最长持续时间截至1992年10月29日：2 467天
2002年8月2日：85 966美元

图7.6　标准普尔 500——长期价格下跌，短期价格上涨，成交量缩小

两日前。价格上涨，成交量放大，这个假定的牛市关联模式在这里获利(显示 127 次交易有20 123美元的盈利，每次平均盈利 157 美元)。资金图让我们看到了盈利是多么轻而易举，还是多么来之不易。

成交量萎缩的市场反弹被假定为熊市，于是有建议说，这种反弹没有什么价值。成交乏量被认为是市场疲弱，或大户缺乏参与兴趣。这究竟是对还是错？当我如以前一样在价格处于升势中，而成交量处于跌势的情况下进行测试，发现 133 次交易获得了9 028美元的盈利，平均盈利 68 美元(见图7.10)。即使粗略地看这些形象的资金曲线，也能得出这个有用的结论。

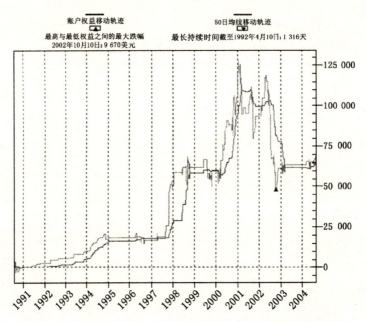

图 7.7 标准普尔 500——长期及短期价格下跌,短期成交量放大

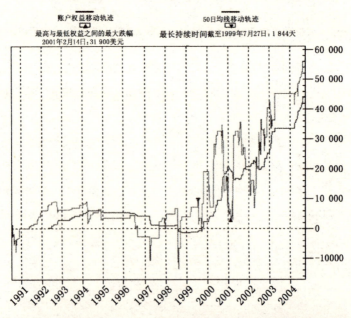

图 7.8 标准普尔 500——长期及短期价格下跌,短期成交量缩小

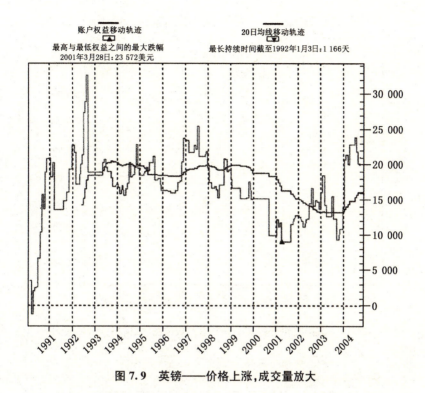

账户权益移动轨迹

最高与最低权益之间的最大跌幅
2001年3月28日：23 572美元

20日均线移动轨迹

最长持续时间截至1992年1月3日：1 166天

图7.9　英镑——价格上涨，成交量放大

　　我接下来测试了当价量齐跌时会出现何种情况，以便发现这种关联对英镑未来走势的影响。图7.11所示，测试显示99次交易获利6 983美元，平均每次盈利71美元。从资金图中发现，任何人要利用这种价量关系进行买入获益是很难的。在这张图表上，应当注意的是这种模式还是优于价跌量升的情况。

　　本系列最后要测试的是图表派和技术派所说的最为熊市的情况：价跌量升。他们的论调150多年来在华尔街内外宣扬，并声称这是卖压增强，价格下跌迹象尚未出现的情况。我的测试没有证实这个观点。我发现102次交易获利42 673美元，平均每次盈利487美元……61%的胜率，盈利率超过亏损1.22倍（见图7.12）。

　　这是我们在标准普尔500从开市到收市的研究中发现的一种牛市模式，即处于价跌量升状态下是牛市，而非熊市。这种模式多次被证明与价量同升一样，都属于牛市状态。上图更是形象生动地说明了这一情况。即使其他资金线杂乱无章的时候，我们仍能看见这一平滑而连贯的上升趋势。这些信息让我明白：价跌量升是牛市。

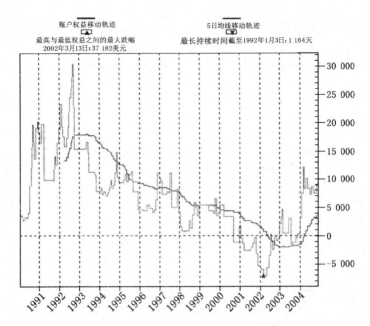

图 7.10　英镑——价格上涨,成交量缩小

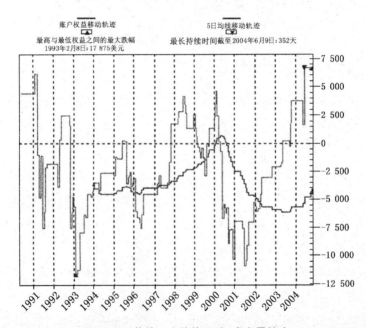

图 7.11　英镑——价格下跌,成交量缩小

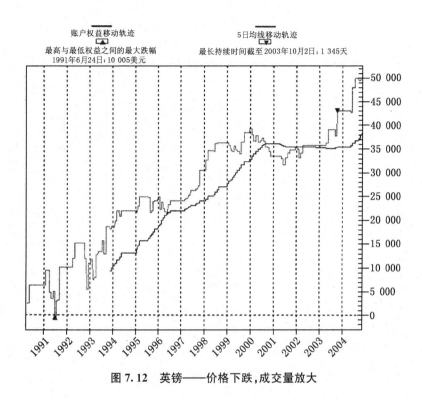

图 7.12　英镑——价格下跌,成交量放大

忏悔时间

从上面的分析看来,似乎价量关系中彼此相关,且最正确的经验法则是:

价格上涨,成交量缩小是熊市。

价格下跌,成交量放大是牛市。

可是,还有更多未见的情况。你瞧,在其他市场进行同样试验时,我得到了不同的结果。佐证就是债券市场。那里最牛市的情况是价升量跌! 这是我研究过多数市场最熊的模式而在债市却是最牛的模式。从图 7.13 的资金图表上看,价升量跌模式看来是一个相当不错的牛市模式。

怎么会这样? 如果价格变化是由成交量引起的,为何传统的价量关系无法连贯一致?

图 7.13　债券——价格上涨,成交量缩小(牛市)

总　结

　　这一章列示了大量图表,观察并思考它们的意义——如果它们确有意义的话。价量关系是否真有价值这一问题需要更多研究。如我所说的,"继续留意"——这个题目的研究尚无止境。

第八章

突　破

——剖析成交量与持仓量

我曾经看到一个装假腿的人,但脚是真的。

虽然多数人明白股票波动归因于成交量,许多股票投资者还是对股票与商品期货之间最主要的一个区别不甚了解。这就是持仓量(Open Interest, OI)。与股票不同,这是一场零和游戏。有 1 美元的盈利,就有 1 美元的亏损。总有一方为空头头寸,称空头持仓。对应一方则有多头持仓,全部头寸为多头方向。多空持仓之和即为总持仓。许多作者建议将之作为理解市场波动的重要工具。

应当注意的是成交量与持仓量二者之间的差别。比如,我们在某日交易550 000张合约。那就是当日所有买单与卖单之和。当日的许多买卖已由日内交易者平仓或由短线交易者结清前日头寸平仓。相反,持仓量是当日交易结束后剩余的合约数量。

我来解释一下。在证券市场中,一家公司发行一定数量的股本(公开流通股票),仅此而已——不会有更多的交易股本了。在商品期货市场,合约或公开流通的股票数量不限。市场是开放型的,只要有新多头入场,新空头出现,持仓量就会增多。有时成交量(即交易合约)还可能超过总持仓。

持仓量主要应用于期货市场。持仓量或市场中持有的合约数量常用来确认期货和期权的趋势以及反转走势。理解一张合约对应有一买方与一卖方,双方共同交易一张合约,是至关重要的。每日公布的持仓情况反映了当天合约的数量增减,以一个正数或负数来表示。价格上涨,持仓量增多,被认为是升势。同样,价格下跌,持仓量减少则被认为是跌势。当持仓量持平或减少时,无论价格涨跌,都可能预示出现转势。根据专家们的说法大致如此。

当我思考持仓量时,想到了盛夏的泳池。可能有10 000人来池中锻炼或消暑(即总成交量)。然而,到了关门的时候,可能只剩下1 000人留在池中(即持仓量)。而市场中成交量多于持仓量的情况是相当罕见的。如果出现这类情况,即意味着市场已被日内交易者和短线投机主导。

持仓量的要点

也许从持仓量字面上更能理解其确切含义——市场持仓兴趣。开仓合约越多,市场持仓兴趣越大。因此,持仓量的增加意味有人在为市场走势——上升或下降——而兴奋不已。我把持仓量看作是市场参与者的市场兴趣,当持仓量增多就是有人要入市。他们想搭上价格趋势的顺风船。

巨额持仓量告知我们场内存在大部分的中小散户,他们通常会亏损。当持仓量非常低时,散户无意参与这种纯粹的商业头寸交易者交易的市场。当他们无意做多时,往往就是主升势的开始。千万不要与人打赌。如果他与你一样不知内情,就无法兑现赌约。

许多分析师已研究了持仓量与价格运行之间的关系,并进一步探索如何运用持仓量这种更深奥的原则。这些原则(普遍认同的看法)是:

- 持仓量增加,价格上涨为牛市。
- 持仓量增加,价格下跌为熊市。
- 持仓量减少,价格上涨为熊市。
- 持仓量减少,价格下跌为牛市。

记住,这是普遍认同的看法,我可没说它就是正确的。

近 50 年以来,一本又一本的书重申了这种价格走势与持仓量的观点。尽管有时这类观点如同有效的安慰剂一样是正确的,但有时同样是错误的。安慰剂起效用大约为33%。我指的是相关的持仓量标准观点的正确率。大约三分之一的时间里普遍观点正确,但我们在进行三分之三时间的交易。

持仓量的相关经典评论如下:

在升势中,如多头增持头寸而亏损方(空头——我们知道在价格反弹时他们属于亏损一方)重新开仓,持仓量会增加。

价格上涨而持仓量减少时,多头的动向如何? 他们在获利平仓。

一个理想的熊市就是在持仓量增加的基础上价格不断下跌。

让我们来看一些持仓量与价格的例子,找找我们能从这些基础原则中学到些什么。

在图 8.1 中,我们看到与价格上涨、持仓量增加相关的重要市场高点。这个假定的牛市模式在实际情况下并未如希望般那样发展。学前所未学。在这行是司空见惯的。事实明摆着:持仓量增加而大豆期价触顶回落。这与书中论述的市场趋势不符,不过,书本可不进场交易。

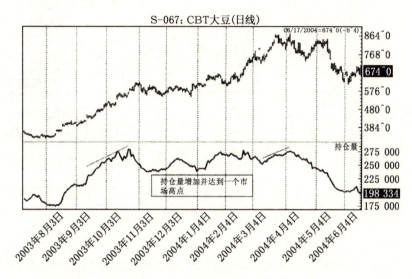

资料来源:吉尼斯金融技术有限公司(www.GenesisFT.com)。

图8.1　大豆价格走势

在图8.2中,2001年4月大豆期价走跌而持仓量大增,这被认为是熊市行情。典型的拾人牙慧者会说增仓下行意味着多空双方均在增仓(此时多头为亏损一方)。因此空头处于主导地位,价格随后将深幅下跌。在市场触底前,持仓量怎么会戏剧性地增加——在价格下跌时,市场持仓兴趣得以提振? 这种模式与我们所知的不符。

但两个月后,大豆还是按照他们的说法下行了:价格下跌,持仓量减少。这说明没有新的空头入市。因此,接下来(大豆期价)可能上行,事实亦是如此。这是安慰剂发挥了作用。没什么比把随机的幸运当作真理来学更糟糕的了。这就是市场观察家们代代相传的典型牛市模式。如你所见,有时它的确有效。

随机性,是所有市场投资者的伟大缪斯(Muse,希腊神话中的音乐女神。——译者注),也是个难缠之辈。我已在超过自己许可的范围多次被这个淘气的妖精玩弄于股掌之中。我们把两件事物放在一起研究,随后观察到相关的表面成因或影响。而事实上,这个结果由不为人知的第三方造成,或者根本无从解释原因。

资料来源:吉尼斯金融技术有限公司(www.GenesisFT.com)。

图 8.2 大豆价格走势

于是,这些作者和建议者们得以找到例子验证他们的理念。但我们或多或少能发现与之相悖的情况。这样也好,有助于进行有趣的探讨。然而,我作为一个不以写作为乐而致力于实盘交易的人,理论脱离实际仍是我不能容忍的事情。我明白自己并非永远正确,但随它去好了,我宁愿有超过 1/3 的时间是正确的! 我宁愿经过详细核查发现理论与实际的部分符合之处。为什么有所差异? 简单来说,在持仓量的标准分析中遗失了一个要点。

持仓量作为择时入市的工具

正如你回忆的一样,我最早提出了持仓量就像在泳池中有多少泳者这个观点。在投机行当里,当大家都在池中的时候,市场可能更接近转折点,通常会下跌。同样,当池中没人的时候,就是一个绝好的入市机会,通常市场会反弹。这里有一个根本的原因。价格运行吸引多空双方。因此,在反弹市中参与者前仆后继。当市场走势平稳(没有价格波动),投资者就会离场。但是,就像你将看见的一样,这么做通常是错误的。更多的市场底部以及绝佳的买入点都出现在持仓量低于其他时间之际。同样,更多的市场顶部出现在持仓量高于其他时间之际。

低持仓量意味着散户和基金对特定的市场失去了参与兴趣。他们的注意力和资金移往别处。我这一生都有这样一种想法,大众是错误的。(我明白这是个人经验;人们从蒙大拿投票选出某些人来当他们的美国参议员,这看起来是多么荒谬!)事实上,公众对市场缺乏兴趣时,就意味着我应该入市了。当然这只是一种观念,一种我向你证明(它有理)的观念,感谢持仓量记录。

我的持仓量指标

明白其意义后,我们就要开始将持仓量运用于预测,并用它帮助我们挑选将要反弹或下跌的市场。我从交投活跃的大豆市场开始讲起。注意图 8.3 中的指标,价格走势与持仓量 12 个月的随机走势类似。在这里,我们所观察的不是价格,不是商业头寸交易者,不是散户,也不是机构交易者。简单地说,我们观察的是大豆市场上投机兴趣的衰退与兴起。显而易见的是,当投机兴趣衰退的时候,在该市场买入相对其他而言更好。

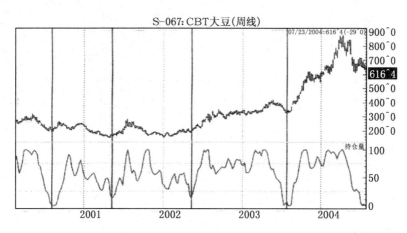

资料来源:吉尼斯金融技术有限公司(www.GenesisFT.com)。

图 8.3 大豆价格走势

不仅对大豆市场而言这是有规律的,在所有市场上都是真实存在的。正如我接下来要提供的黄金走势图(见图 8.4)。虽然低持仓量指标没有对应每个底部,但是每个好的买入点还是与每次低持仓量一起出现。明白了吗? 经常在这种时候持仓量并非真的低

(我希望它是真低,那反倒容易了),我们仍可基本确信几乎所有的低点都与这个重要的市场指标有关。这听上去就像所有的干邑(Cognac)白兰地都是白兰地,而不是所有白兰地都是干邑一样。简而言之,我们能尽快找出市场的主力操作,这是一大优势。

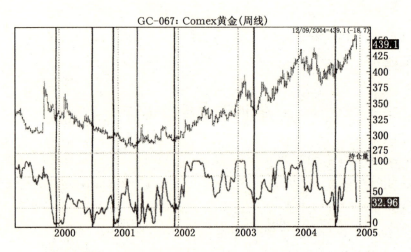

资料来源:吉尼斯金融技术有限公司(www.GenesisFT.com)。

图 8.4　黄金价格走势

让我们看看更多的市场来把问题说清楚,并讨论那些以上投资策略无效的市场——特别是股指期货市场。由于股票和英镑不会真的拿来做市场交易,金融市场存在许多不同的持仓形式,因此,市场持仓是综合性的,包括了大量的跨市套利仓位。这也解释了临近交割期持仓量的暴涨,然后在新合约上市之时再大幅回落。尽管如此,如图 8.5 所示,低持仓量判别也有巨大价值。

即使是像木材这样低迷而平淡的市场也存在这种情况,即对于投机者而言,持仓减少为入市信号(见图 8.6)。当行情还不完美的时候(这个行当里没有完美可言),低持仓量这一观点鼓励低位建仓,而持仓数值通常领先于行情到达顶部高位。

标准普尔 500 指数和道-琼斯工业平均指数为我们提供了由合约到期每年四次清算出现的一系列不同问题。图 8.7 显示了最近的一个例子。你可以自行研究并学会不再依赖于这类合约本身的持仓量来进行入市操作。

我们不得不从另一方面来评判证券市场。大多数主要的证券大跌显而易见地是由高持仓水准引起,这一概念已深入人心。在许多方面,看来是在与我先前的观念唱反调:

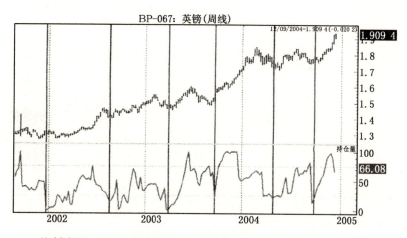

资料来源:吉尼斯金融技术有限公司(www.GenesisFT.com)。

图 8.5　英镑走势

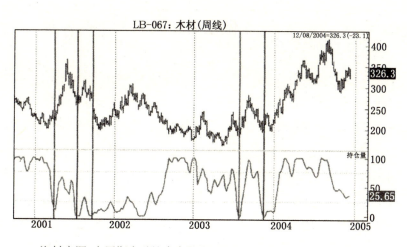

资料来源:吉尼斯金融技术有限公司(www.GenesisFT.com)。

图 8.6　木材价格走势

即大众不可能正确,当他们意见一致时,则更倾向于错误。虽然这让约翰·凯瑞(John Kerry)或者理查德·尼克松(Richard Nixon)这样的家伙感到巨大的安慰,但对于一个基于确凿数字基础,明白大众动向,而不会盲从于他们进行失败投机的交易者来说,这一观点更让人欣慰。

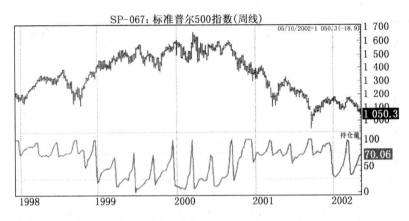

资料来源:吉尼斯金融技术有限公司(www.GenesisFT.com)。

图 8.7　标准普尔 500 指数走势

做空白银

让我们来看一下白银的长期(走势)图以及持仓量指标。稍加注意图 8.8 就会发现市场高点出现在重仓的时候。

这并非白银及持仓量新近才有的现象。从图 8.9 中可以观察回溯到 1993 年的周线图(于是我们分析了过去 12 年的概况),同样的模式已经存在并且现在再度重现。高持仓量与市场顶部相关,而低持仓量与市场底部相关。

最后,为了把这个问题讲明白,图 8.10 显示了一直回溯到 1985 年的白银走势。在图中我们再次发现了同样有效的原则。把这个刻到你的脑子里。把它记到你的图表册里去。就像一年随机指标测试的那样,高持仓量就意味着熊市以及市场将要见顶。

买入和卖出

如果你多次研究这些例子,就会发现当很低的持仓量指标开始回升时,多数情况下市场也会形成趋势。我们可以利用持仓量的变化及动能来确定建仓时机。

让我们来看一下类似的简单应用。图 8.11 是一张小麦走势图。它显示了 12 个月

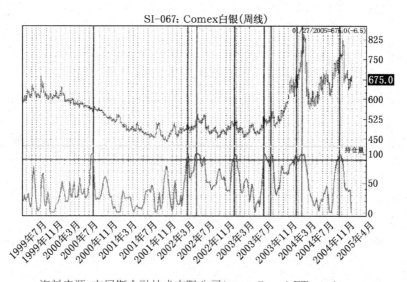

资料来源:吉尼斯金融技术有限公司(www.GenesisFT.com)。

图8.8 白银价格走势

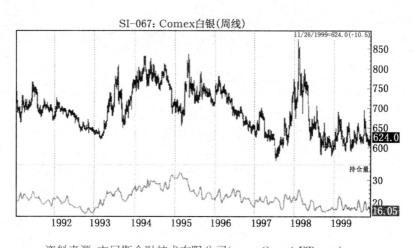

资料来源:吉尼斯金融技术有限公司(www.GenesisFT.com)。

图8.9 白银周线

的随机走势。我在持仓量指标上添加了一些简单的趋势线来提示此时应寻找建仓点。
这里用到的原理是当指标高的时候,寻找趋势向下突破的空单介入点。而当指标低的时

资料来源：吉尼斯金融技术有限公司（www.GenesisFT.com）。

图 8.10　白银周线

候，寻找趋势向上突破到高位的潜在多单介入点。我希望大家不要用价格来预测价格。A 无法预示 A。我们利用市场中所有交易者的兴趣来帮助我们把握未来趋势。

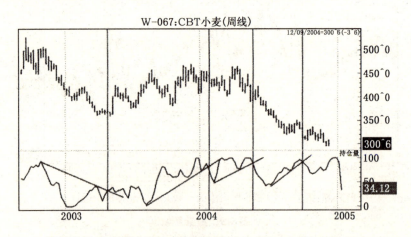

资料来源：吉尼斯金融技术有限公司（www.GenesisFT.com）。

图 8.11　小麦价格走势

这一节讲的持仓量对我们裨益良多。把它作为中小散户来研究。就市场的实际情况而言,不可能每个人都低买高卖。而相反的情况,高买低卖倒是屡见不鲜。因此,空仓的时候若发现一个参与兴趣渐浓的市场就得多留神。

第九章

持仓量深入分析

　　问题不在于持仓量增减,而是谁引起了持仓量变化——弱势的散户?
还是强势的商业头寸交易者?

　　这是需要回答的问题。特别是当价格处于止跌回升的良好趋势中,随之增加的持仓量是散户增加多头头寸,而商业头寸交易者正在减持多头,或者商业头寸交易者增加多头头寸,而散户正在做空。明白谁在影响持仓量变化是最重要的。

　　要回答这个问题,让我们回过头去看一下前一章的第一个图,我们发现持仓量的增加实际上导致了市场的高点,而一般认为这是不可能的。这里(见图9.1),我不仅展现了持仓量,而且也以点线展示了商业头寸交易者的净多/空头寸。点线上升,表示他们在增加多头或减持空头。点线下降,表示他们在做空或减持多头。现在我们可以深入持仓量分析,看看游戏的主要玩家——商业头寸交易者——是怎么做的。

　　我们注意到,2003年10月的持仓量增加并不是由商业头寸交易者引起的,因为他们正在减持多头或做空。谁引起持仓量增加? 只有两类,大户或散户,他们在错误的时间增加多头头寸,这时市场高点正在形成。

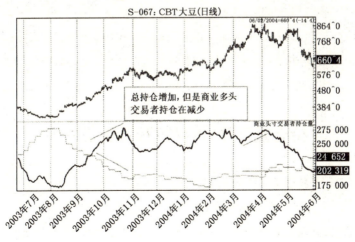

资料来源:吉尼斯金融技术有限公司(www.GenesisFT.com)。

图9.1　大豆走势

图9.2是前一章中的大豆走势。不同的是增加了点线。我们发现,在2001年4月持仓量大幅增加,而价格剧烈下跌。一般这被认为是熊市,但这里不是。为什么呢?

资料来源:吉尼斯金融技术有限公司(www.GenesisFT.com)。

图9.2　大豆价格日线

从图中我们看到,面对价格弱势,聪明而且消息灵通的商业头寸交易者正在建立多头头寸,从而引起持仓量增加,并不是散户或大户。我也想提醒你注意,2001年7月那次在价格止跌反弹中,持仓量也是大幅增加。

当你认为这是牛市来临时,反弹又迅速到顶了。我们并不感到惊奇,因为我们看到商业头寸交易者的净持仓线正在下降,这意味着他们正在卖空,同样有大量的散户和大户正在买入,这是头部的信号。可见,深入研究持仓量可以得到更多的信息。

持仓量下降,价格下跌可能是牛市

普通的观点是持仓量下降、价格下跌是牛市前兆(见图9.3)。但这种模式成立的前提是,商业头寸交易者在持仓下降时增加多头头寸,如我在图中标明的。也就是说,新的买单来自于这些聪明的家伙,而散户和大户正在卖空或是他们的牛市情绪日益衰减。

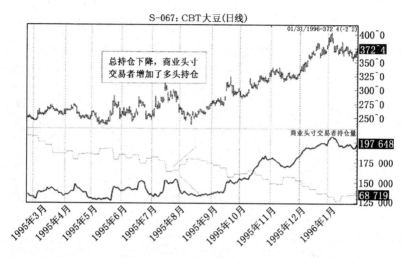

資料来源：吉尼斯金融技术有限公司(www.GenesisFT.com)。

图9.3 大豆价格走势

我们再次深入研究持仓量结构来揭示市场的真实运行情况。在这种情况下,持仓量下降才是牛市征兆。

到1995年11月,又出现价格下跌,持仓减少,我们可以看到商业头寸交易者在这个月中,就在单边上涨行情爆发前增持多头。

一些真实的交易

我将讲述一些基于上述发现的真实交易。它们实际出现在我的热线中,而不是"事后诸葛亮"式的交易。首先,图9.4是2004年夏末的木材交易,当时价格一直处于一波大的反弹之中,同时持仓量也在增加。你知道这是牛市特征。但从点线图看,商业头寸交易者正在增加空头头寸。他们几乎占据了总持仓量中全部空头仓位,随后木材价格下跌了。

在这次下跌后不久,木材价格出现了反弹。这是一次非常好的交易机会,在不超过40天的时间里,1 500美元的投资回报将超过5 000美元。是什么触发我们捕捉到这样一次潜在的价格波动? 当然,是商业头寸交易者,他们变成了重要的买入方。如图9.5显

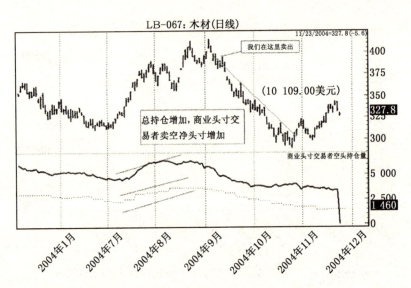

资料来源:吉尼斯金融技术有限公司(www.GenesisFT.com)。

图9.4　木材价格走势

示,他们增加了多头仓位。在持仓量逐渐缩小时,商业头寸交易者的多头头寸大增,提示一个价格反弹就在附近。这就足够了。

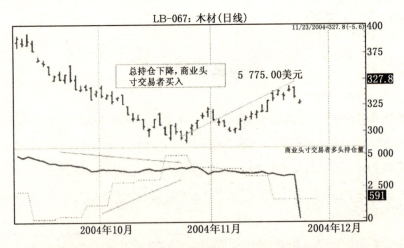

资料来源:吉尼斯金融技术有限公司(www.GenesisFT.com)。

图9.5　木材价格日线

这个例子来自真实的交易。在整个交易年度中,这样的机会不难发现,需要进一步了解这方面的情况,就到我的网站上去看看吧。

股指期货市场和商业头寸交易者

我们下一个要研究的图形(见图 9.6)显示,市场行为引导了漂亮的反弹,推升股指在 2004 年达到新的高点,而一般媒体把这件事归因于乔治·W. 布什的再次当选。真的是选举导致了这次反弹? 或者仅是一个直接的解释? 我得说是后者。如图所示,商业头寸交易者在市场下跌过程中一直是主要的买入方。具有讽刺意义的是,在下跌过程中,总持仓量持续增加。这一般被认为是熊市标志,但此次例外。

资料来源:吉尼斯金融技术有限公司(www.GenesisFT.com)。

图 9.6　标准普尔 500 指数走势

预测白银走势

我希望到现在你能明白什么是推动市场的真实力量。用你所学的知识,我们来看一张 1998 年以来白银的走势图(见图 9.7)。我已经标出了商业头寸交易者在市场上涨之时做空的时机——一个真实的做空案例。

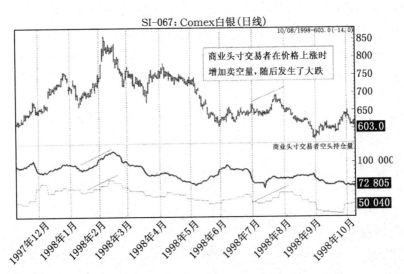

资料来源:吉尼斯金融技术有限公司(www.GenesisFT.com)。

图 9.7　白银价格走势

黄金市场的机会

　　黄金是对交易员持仓报告数据反应更加敏感的几个市场之一。让我们看看 2004 年出现的两次非常好的买入机会,当时商业头寸交易者是重仓买入方而持仓量处于低位或迅速下降。图表再一次告诉我们,散户当时不在市场或逃离市场,这就是为什么持仓量处于低位或迅速下降的原因,而同时商业头寸交易者一直在买入。这些标志常常领先于价格反弹,更是投机者重要的交易指标之一。

　　在此例中(见图 9.8),注意 2004 年 9 月初持仓量小幅减少而商业头寸交易者在价格弱势中一直在买入。他们不担心价格下跌?几乎不;相反,他们迎面而上,吸纳多头仓位。随后价格上涨给每张合约带来超过5 000美元的利润。

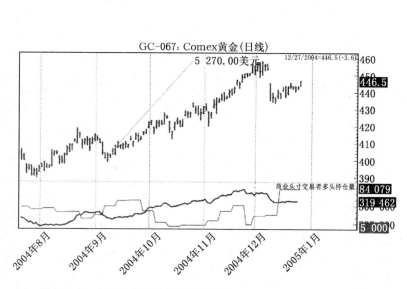

资料来源:吉尼斯金融技术有限公司(www.GenesisFT.com)。

图 9.8　黄金价格走势

　　之后到 2004 年底,金价崩盘,我们对此并不感到惊奇。因为在 11 月下旬持仓量已经很高了,同时散户已接下了买盘,商业头寸交易者离开了舞池。到了 12 月中旬,商业头寸交易者似乎又感受到音乐开始起舞,他们提升多头仓位,而持仓量正处于下降——这正是我们乐于看到的模式,金价将再次上涨。

疯牛病的疯狂

　　我将用与商业头寸交易者对阵顽固不化的、被误导的散户的经典一例来结束本章。2004 年初华盛顿州的一头牛被怀疑感染了疯牛病。2003 年 12 月和 2004 年 1 月对疯牛病的恐惧像野火一样席卷了全国,活牛期货价格暴跌。从表面看,整个养殖业一片萧条。

　　我们知道,光看水面并不能知道水底藏着什么。因此,我把注意力转向商业头寸交易者,如在图 9.9 中所看到的,他们在整个疯牛病抛售过程中,已成为了重仓买入方。这可能只意味着一件事:牛价将上涨,因为商品处于供应短缺中。

资料来源：吉尼斯金融技术有限公司(www.GenesisFT.com)。

图9.9　活牛价格走势

当新闻媒体正报道未来不再有人吃牛肉、养殖业将面临灾难时，商业头寸交易者已成为活牛市场的重仓买入者。作为一个投机者，如果你在 1 月跟进做多或买入活牛，那么每张 400 美元的合约你将取得近11 000美元的获利——良好的投资回报。感谢知识，感谢商业头寸交易者！

第十章

交易员持仓报告数据的系统理论

　　实践中表现很好,但是理论上却说不通。

　　是时候把前面所讲的都串起来了,只有这样我们才能完全理解交易员持仓报告,并且发明一个我们能用的新指标,这个新指标将包含我们已经了解的商业头寸交易者、大户和散户的信息。迄今为止,这个行业都只是简单的研究净商业性头寸或者像第四章讨论过的那样,使用前三年数据编制指标。现在应该是超越这些指标并进行进一步研究的时候了。

　　我发现比旧指标更有用的方法是研究商业头寸交易者持仓量占整个持仓量的百分比,而不是仅仅研究商业头寸交易者持仓量本身。我们应该研究商业头寸交易者持仓量相对于整个市场持仓量的情况。因为当持仓量增加并且是由于商业头寸交易者增加卖空而造成的持仓量增加时,市场的顶峰随时会终结;反之亦然。

　　让我用自己研究的交易步骤来介绍这个方法,并且我的研究文章已经发表在日本最主要的金融报刊上。你将要读到的是 2004 年 11 月最后一个星期写的,一个字也没有修改,这也是所有日本交易者在 2004 年 12 月初所读过的。

　　做预测是有趣的,所以请留意所描述的指标,我们将对此做更多的研究。

日元的未来走势

　　商人和投机者都非常想知道日元未来走势会怎么样,大多数时候他们都是根据猜测或直觉得出结论,而我们却有很多信息可以参考。

　　这个月我将着眼于两个非常有用的工具,它们告诉我们,日元很可能震荡下行,随后在明年 2 月份重新上行。

　　我怎么会知道这些的呢? 啊哈,根据以往的研究,过去并不能很好地预示未来,但是过去通常会给未来提供一个很好的路线图。

　　一种路线图就是日元的季节性模式。也就是说,每年日元主要的涨跌都会出现在相同的时间。这很大程度上是由于大多数国外合同签订后需要对冲美元风险。就像大米有一个播种和收割的季节性,进口商和出口商同样也有进行大多数生意的"季节",因此,他们需要在外汇市场采取行动。

下面我将用日元周线图来展示我所说的一切(见图10.1),图中基于过去27年的日元走势,我标出了每年重复的日元的季节性模式(图中斜线划出部分),图下方的季节性趋势指数选用的是有数据记录以后的每n天或n周收盘价格的移动平均值。

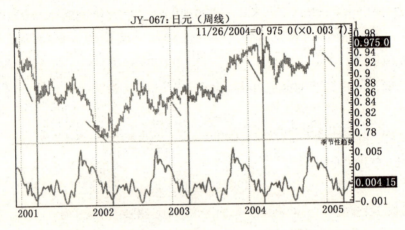

资料来源:吉尼斯金融技术有限公司(www.GenesisFT.com)。

图10.1　日元走势

季节性趋势指数告诉我们,日元通常在每年的年初(1季度)走弱下跌。我第一次提到这个发现是在1973年关于季节性走势的书里——《季节因素如何影响商品价格》。正如你所看到的,2001~2004年间日元的走势都很好地呈现出年初走弱的季节性趋势。我看不出有什么理由认为2005年的走势不会这样。

然而作为一个交易者,一个以投机为生的交易者,我知道我需要的不仅仅是季节性指数这样一个工具。因此,把我们的注意力转移到交易中最聪明的参与者上来,他们是大银行、金融机构和大型综合公司,他们同样在外汇市场上进行套期保值并以此谋生。

对我们来说幸运的是,他们必须每周一次——根据法律要求——公开他们买卖的数量。这些信息都由美国政府发布在交易员持仓报告上。正如你所想象的,我每周紧紧地跟随着这些大机构进行交易。

12月初这种方法的作用体现出来了,那时那些大机构在抛空日元,随后市场上日元兑美元的走弱很好地说明了问题。

新指标——商业头寸交易者持仓量/总持仓量

是时候把上述内容总结一下了。我们知道商业头寸交易者持仓是市场的推动力。我们也发现总持仓量水平的高低具有预测价值,仔细研究持仓量的各个构成部分,我们可以发现商业头寸交易者在做什么,找出谁应该对那些有价值的数据的增减负责。

一种分析数据的方法是对数据进行分解,研究商业头寸交易者持仓量占总持仓量的百分比(商业头寸交易者持仓多头/总持仓量)。这个指标提供了一种急需的深入研究交易员持仓报告的方法。比如,商业头寸交易者并不持有大多数的多头头寸。例如,总持仓量是5 000张合约,商业性多头持仓是1 000张合约。这就告诉我们商业头寸交易者持仓量占多头持仓的20%。然而在另一种情况下,商业头寸交易者持仓量是1 000张多头合约,但是总持仓量上升到20 000张合约。我们会立刻发现总持仓量的增加并不是由商业头寸交易者持仓量增加引起的。在这两种情况下,商业头寸交易者持仓的多头头寸数量没有发生变化,但是在第一种情况下它占总持仓量的20%,而第二种情况下只占5%。

这个指标——交易员持仓报告中的商业头寸交易者多头持仓量/总持仓量(CL/OI),有助于我们正确地分析。这个指标的另一面是商业头寸交易者空头持仓量/总持仓量(CS/OI),它可以告诉我们,什么时候商业头寸交易者空头头寸已经很高了。不要搞错了,我还在研究前面章节中总持仓量和商业头寸交易者持仓量的图表。我认为这是一种很好的实践,也是一种很好的了解市场的方法,同时可以找到对市场的感觉。

让我们看一下新指标。图10.2说明了卖空行为——卖出并预期价格下跌,商业头寸交易者卖空群体在过去九年的日元市场一直这么做。这从他们的空头持仓量占总持仓量的百分比可以看出。

当商业头寸交易者的空头持仓量占到总持仓量的55%或者更多,同时其他头寸(多头和空头)由其他玩家持有时,有力地说明市场的顶峰马上就要到来。

这的确很有意义。当这些聪明的资金持有极端数量的头寸时,例如控制市场所有头寸的60%,假如持有的是空头头寸,那么毫无疑问市场会走弱。日元的历史数据证明了这一点。你自己可以回顾一下。

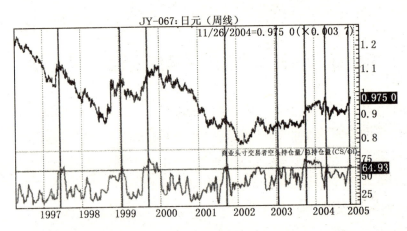

资料来源:吉尼斯金融技术有限公司(www.GenesisFT.com)。

图 10.2　日元周线

在图 10.2 中,我用直线标出了商业头寸交易者空头持仓量超过 55％的界限。仔细研究一下,你就可以自己做出判断。我所看到的是日元经常会跟着市场超级力量的过分卖空而走弱。

2004 年 11 月的最后一周,我发现商业头寸交易者空头持仓量占了总持仓量的64％。毫无疑问,这些聪明的资金预期日元会下跌。

注意,当我们用这种方法预期市场有一个季节性下跌时,这种情况发生了。我们通过聪明资金的实际的卖空记录证实了这种季节性模式的存在。

综合一些主要的指标,并把它们结合起来,这就是赚取市场利润的方法,这种方法有用吗?

让我们追溯到很久以前的 1988 年。看看 1988 年、1989 年、1990 年和 1991 年都发生了什么? 在图 10.3 中,当指标高于 65％时,我用垂线做了标记。这是很重要的,季节性模式暗示了上升趋势的结束。

过去的经验是很清楚的。在新年初,大的商业头寸交易者空头持仓量预示着一个市场顶峰的到来。

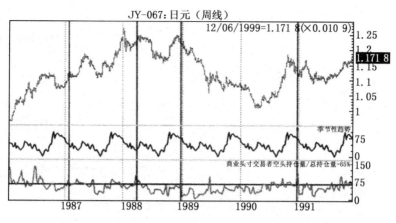

资料来源：吉尼斯金融技术有限公司(www.GenesisFT.com)。

图 10.3　日元走势

寻找低点

对雌鹅有好处的肯定对雄鹅也有好处。我的意思是,相反的情形正好是绝佳的买入点。我们所寻找的是一个季节性低点,同时商业头寸交易者空头持仓量所占总持仓量的比例很小。这就告诉我们,他们是买方而不是卖方,他们并不认为价格会一直走低。并且不仅仅是这样想,他们赌博性地投入了大量的金钱,这些钱都是他们战胜市场赢来的。

在图 10.4 中,当每年初季节性低点出现时,我用垂线做了标记。很典型的是日元 3 月中旬时候的一个低点。这是许多年以来大家一直在研究的一种情况。

因此,2 月底 3 月初的时候,如果我们看到商业头寸交易者空头持仓量比例下降到 30％以下,我们就可以知道他们害怕卖出,他们是买方,那样我们就应当考虑市场的另一方。

一张图片、一个指标足以说明一切。

故事的寓意

接下来要学的是,投机方法中存在一种神秘的力量,将几种好的工具结合起来,可以

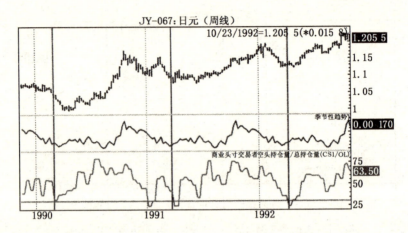

JY-067:日元（周线）

10/23/1992=1.205 5(*0.015 8)

季节性趋势

商业头寸交易者空头持仓量/总持仓量(CS1/OL)

资料来源:吉尼斯金融技术有限公司(www.GenesisFT.com)。

图 10.4　日元走势

大大提高我们投机艺术成功的可能性。

另外几种工具可能会使用到——日元对黄金、日元对美元或者日元利率水平。但是现在,我所看到的是日元的顶部已经形成。并且我们要寻找的是 2 月底可能会出现的一个买入机会,那时商业头寸交易者的持仓量已经变为多头,并且已经停止了过多的卖空行为。

一些难题

一个人的地板是另一个人的天花板。

当我们深入研究交易员持仓报告中的商业头寸交易者持仓量时,我们面临着这样一个问题:观察他们的多头持仓量还是空头持仓量? 正如我在前面的章节里说过的,看起来等式的任何一端都是有用的。因此答案很简单,我们既研究他们的买入也研究他们的卖出。

我的意思是:最好的方法是研究这些聪明人的净多头/净空头头寸,并通过以下公式和总持仓联系起来,我已经把这个公式写进了我的吉尼斯软件中。

随机用户(商业头寸交易者持仓量/总持仓量,vara)

　　这个公式所做的就是将过去多个星期中的商业头寸交易者多头减去空头得出的净头寸除以总持仓量做随机处理(vara 是计算术语,是变量的意思)。你可以用许多数据代入这个变量,看看用多少个星期的数据效果最好。在检验了不同时间、不同市场的数据并且考虑了所有的情况之后,我得出结论:一个 26 周的数据窗口最适合。在以前的讨论中,我们使用过前三年的数据。但在现在这个千变万化的市场中,信息不断变化并及时更新,我觉得使用 26 周或者半年的数据能更好地研究商业头寸交易者是如何投资的。

　　明白了这些后,我们来看看我称之为 WILLCO 的一些例子。WILLCO 是威廉姆斯商业指数(Williams Commercial Index)的缩写。本章后面所有的图表都将使用商业头寸交易者多头持仓头寸除以总持仓量的 26 周的数据。当然有些问题必须提前说清楚,不要指望这个指数是完美的。

　　但是,一般来说可以指望它指出重要的市场反转,告诉我们何时一波趋势最有可能结束。商业头寸交易者就是趋势的终结者。虽然有时候他们的确会过早地买入或者卖出,但是别沮丧,因为我们的游戏规则是根据商业头寸交易者头寸的预见性等待相应的市场趋势。当威廉姆斯商业指数显示市场进入牛市时,意味着趋势改变,我们可以开始做多;反之,则卖空。

　　让我们来看看日元,看看这个新的指数在 2003～2004 年间的日元市场上表现如何。从图 10.5 中可以看出,这群投资者是多么的狡猾。事实上,在这段时期内的每个主要低点,我们的威廉姆斯商业指数都升至超过 75～80,进入买入区域。

　　对于一个新手来说,仅仅使用这个指标就十分有利可图。这里唯一的缺点就是可能在市场到达顶部前过早卖出,图中 2003 年下半年就是如此。而 2004 年底显示的卖出点是最漂亮的一个例子。当时整个市场的商业头寸交易者都在卖出黄金、白银和非美元货币。直至有一天,2004 年 12 月 7 日,市场崩溃了。《华尔街日报》头条对这次的下跌表示了惊讶,这轮公认的金银牛市受到了冲击,大家期待的是一场永远持续向上的牛市,因此,下跌变得无法理解。所有利空因素和本轮上涨开始前一样始终没变,也没有经济形势的变化,伊拉克战争没有变好也没变坏,大家理想中的牛市怎么可能在这样的时候崩溃呢?

　　世界上没有一家报纸预言了这场贵金属市场的潜在崩盘可能。不仅如此,就在崩盘那天,报纸还在赞美这场牛市的力量和强度。可想而知,这对趋势跟踪者、黄金投机商以

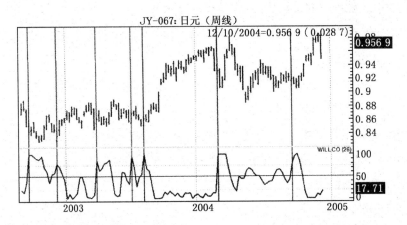

资料来源:吉尼斯金融技术有限公司(www.GenesisFT.com)。

图 10.5　日元走势

及消息猎取者是多大的打击!

但是这场崩盘对任何一个关注商业头寸交易者行为的投资者来说并不出乎意料。

我之前就已经警告过我的《时事通讯》的订阅者们这场价格下跌将要到来,就像那些学过这种工具的其他人所领会到的那样(我认为他们中的大部分都已经从我这里学会,并且加上了他们自己的理解)。我多年来的好友史蒂夫·布里斯,同时也是这个指标的使用者,就曾经坚决看空,并且明确告诉他的追随者将发生崩盘。弗洛伊德·阿普曼(Floyd Upperman, wizkidtrading.com)、乔治·施莱扎克(George Slezak, commitmentsoftetraders.com)和杰森·高普佛特(Jason Goepfert, sentimenttrader.com)也都曾经对他们的读者预警了这场即将到来的下跌。杰森和史蒂夫对股票指数做出了很好的改进,他们将各种市场加入了同一个指数,从纳斯达克指数到道—琼斯 30 种工业指数,以体现所有商业头寸交易者对于各种股票指数的兴趣。

以下是杰森在 2004 年 12 月 11 日写下的评论,非常有洞察力。

有一点也许是显然的,当我们观察标准普尔指数、道—琼斯指数和 NDX 指数的全额合约及电子迷你合约的所有暴露头寸的名义价值时,商业头寸交易者持有 380 亿美元的净空头头寸,而未报告的持仓量是 300 亿美元的净多头头寸。在 2001 年 6 月 3 日结束的那一周,美元市场曾经发生过接近这样巨大差异的交易持仓情况。接下来的几周里,标准普尔指数下跌了 14%,而 NDX 指数下跌了 32%。另一次比较接近的大约是 2002

年 12 月 3 日,直接导致了那年夏天恐怖的下跌。

这一切对我们来说并不令人惊讶。事实上,那是必然的。这里有一封来自于我的一个追随者的电子邮件,他曾经在白银市场上长期看多。他得以避开市场崩溃的打击,不是因为我,而是完全得益于威廉姆斯商业指数如此清晰的预测。

我真的要好好谢谢你的建议,我在 7.84 美元做空了白银……你知道的,它后来跌到 7 美元,而且还可能跌得更厉害。我在纽约商品交易所的账户对我来说非同寻常的重要,因为这是我和市场的真正较量。

我们这个月在股票市场上损失了 25 万美元,不过从长远来看这算不了什么。你打算买进白银吗? 或者你打算做空它? 很显然,你之前靠做空一夜之间赚了很大一笔钱。我愿意在 7 美元时买回白银,但是也许你记得不久之前,白银曾经从高位跌到 8.30 美元又跌到 6.30 美元。

再次感谢你! 要是我没听你的劝告,一定会因某天早上起来,发现自己损失了 1 万美元,并为此感到伤心。

带着这样的想法,让我们来回顾一下过去都发生了些什么。这就是那个时期的白银期货价格走势(见图 10.6)。

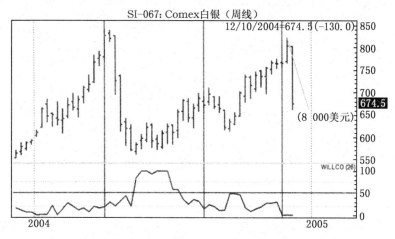

资料来源:吉尼斯金融技术有限公司(www.GenesisFT.com)。

图 10.6　白银价格走势

对白银期货市场的分析

这些垂直线标出了白银价格的主要高点。顺着它们往下,你可以发现,在这些高点上商业头寸交易者持仓量占总持仓量的百分比在下降,这时威廉姆斯商业指数告诉我们,套保资金都站在做空的一边。那么一个合理的问题就是,你如何进入市场?有没有确切的信息告诉我们"现在还是即刻进入市场卖空"?

有的,有许多的指标表示是时候上场了。其中一个我多年来一直说起,且讲课时也经常提起的指标,叫作 ProGo 指数,它反映专业操作者在市场上是如何操作的。你注意到图 10.7 没有,当白银上涨时,这个指数(表现的是专业投资者的买入)显示出,他们并没有跟随这个走势上攻。而每当白银达到新高时,指数走势发生了分化,ProGo 指数未能在上涨时创下新高。

资料来源:吉尼斯金融技术有限公司(www.GenesisFT.com)。

图 10.7　白银价格走势

这个指数的公式非常简单,是每日的开盘价和收盘价差额绝对值的 14 天平均数。这个指数在其他图中还会看到,现在我们就来看看它是如何构建的。

许多年前我曾经写过关于如何区分专业性买入和散户买入。这个方法的精髓在于为大家做出一条 A/D 线,这条 A/D 线表明了前日收盘价与今日开盘价的变化。而另一条专业的 A/D 线通过运用今天的开盘价到收盘价的变化来构造。这两条线清晰地向我们指出正在发生的事实。一条 A/D 线表现的是散户的行为,因为他们造成了昨日收盘价到今日开盘价的变化。价格突然波动造成的昨日收盘价与今日开盘价之间的缺口,反映的是散户的行为。他们或在报纸上读到了些什么,或被电视上的评论家愚弄,又或者听说了一些夜间世界上其他国家的空洞消息,就急急忙忙在开盘前据此来下单,这就使得昨日收盘价与今日开盘价之间出现差异。

另一方面,今日开盘价与今日收盘价之间的变化,反映了专业操作者的所作所为。我是这么看的。开盘之后,像我一样的专业操作者,也就是场内交易者和全职交易者开始对市场发起进攻。而散户则整天忙于工作,只得被动承担市场风险。我们是白天操纵市场的力量,如果收盘价高于当天开盘价,那就说明专业操作者在上攻市场直至收盘,即使当日收盘价低于前一日时也是如此。

散户观察市场的窗口是前日的收盘价到今日的收盘价,而专业人士研究市场用的是今日的开盘价到收盘价。

散户买入的定义

我采取了更进一步的措施,简单地为散户建立了一个前日收盘到今日开盘价格变化的指数值(＋/－值),然后取这些值的 14 日平均数。假如今天的开盘价比前日的收盘价要高,那么价格变化的数值就是正值。假如开盘价比前日的收盘价低,那么数值就是负值。

专业性买入的定义

专业性买入的定义是建立一个当日开盘价到收盘价变化的指数值(＋/－值),然后得到这些值的 14 日平均值。假如当日的收盘价高于开盘价,那么价格变化的数值就是正值。如果收盘价低于开盘价,即使收盘价高于昨日的收盘价,那么数值也是负值。

有许多方法使用这个指数。它可以成为一个很好的判断进场的工具和观察趋势的方法,但是我使用它的主要方法就是找到价格和专业 A/D 走势的背离。图 10.6 中白银价格图形就是这种背离的很好的展示,图中价格上涨,并且对于那些仅仅看图形的散户来说,上涨看起来很强势。但是像我一样的专家,现在也包括你,可以看到从 2004 年 10 月 8 日开始的巨大的背离,说明那些至少像我定义的专业投资者正在出逃。他们不愿意在上涨中的新高点买入。这不是正常现象。好的市场价格上涨发生时,伴随的是专业性买入的增加而不是减少。

当白银价格上涨至一个新高点时,我收到预警,一次潜在的大的卖出机会出现了,警讯首先来自于威廉姆斯商业指数,然后来自于 ProGo 指数和价格之间的巨大背离。剩下的所有问题就是进场。这就是我使用的方法。

就像图 10.8 中展示的那样,我使用最近的两个短期低点画了一条趋势线,计划使用它作为我的进场点,想想看,如果价格走势低于趋势线以下,我也许得到了一个很好的做空机会。我们可以直接得到这些机会。当然我知道一切不能非常确定,因为所有的交易都有风险。我所想做的就是使事情朝着我想的方向发展。我并不想一直都根据这样的趋势线得到卖出点。我这里使用它仅仅是因为市场中的机构都在看空。

资料来源:吉尼斯金融技术有限公司(www.GenesisFT.com)。

图 10.8　白银价格走势

2004 年 11 月 7 日,趋势线被突破了,那天的开盘价低于趋势线,然后我的卖出委托就被执行了。事情也不总是以这种方式发展,请不要那样想。但是它们中足够多的例子确实实现了在不可能情况下的盈利。假如你没有卷入我所处的境遇,你可以也应该可以在第二天开盘时卖出。现在我要告诉你的是,那样做是很难的,尽管价格跌了如此之多。但那是应该做的事情。当散户还在等待反弹或回调时,专业人士已在那里卖出了。在这行中很少有坚决且快速的投机规则,只有一条:每个人都在等待的事情将永远不会发生。

黄金、专业投资者和商业头寸交易者

2004 年春天,当一个非常好的卖出点在 5 月中旬酝酿时,与当时价格相反的情况在黄金市场发生了。这次发生的情况可以从图 10.9 中看出来,此时威廉姆斯商业指数达到了它的顶部即高于 90％以上,告诉我们套期保值者拥有了总持仓量的大多数,我们应该可以在春季看到一波上涨的行情。同时对 ProGo 指数的深入观察表明,5 月份的价格下跌与专业 A/D 线稳定上升存在巨大的背离,一个确定的信号是专业交易者正在弱势时买入。价格下跌且 ProGo 上升就是我所想寻找的即将来临的机会。

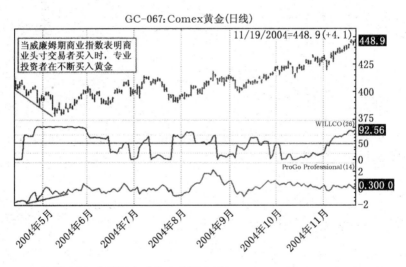

资料来源:吉尼斯金融技术有限公司(www.GenesisFT.com)。

图 10.9　黄金价格走势

过程是非常清晰的,剩下的问题就是什么时候买入,准确到日期、时间和价格。我想再次转到简单的趋势线。这种方法不需要太多花哨的数学技巧和很长的公式。价格会上升或者下降,通常最好的研究方法就是观察价格本身,价格就能说明问题。这不像方程、贝叶斯理论、贝努利试验和线性回归分析之类顶尖科学的东西。价格上升或者下降,总的趋势也许会反转也许不会。这不是一个复杂的过程。

图 10.10 中你见到的就是一个完整的画面,包括商业头寸交易者买入、专业性买入

和两条简单的趋势线。采用你精选的方法,价格上升到高于这些趋势线中任一条时,表明下跌的趋势也许已经快结束了,因为出现了专业性/商业性买盘,机会出现的概率很高。这不是关于圆月形或者其他神秘图表形态的问题。当价格上涨到反映当前短期趋势的趋势线以上时,我们可以得出结论:某种程度趋势的反转已经发生了。

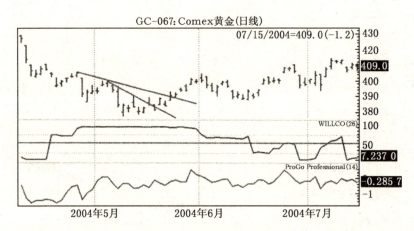

资料来源:吉尼斯金融技术有限公司(www.GenesisFT.com)。

图 10.10　黄金价格走势

人们不能放心地使用趋势线,或者因为某些原因而漠视它们。这样不对,只要时间、空间合适,这些度量趋势的宝贝是可以发挥作用的,只是你要弄明白,这些东西是如何协同发挥作用的。假如不能这样,你或者将匆匆浏览本书,然后回到从前;或者最好收回自己的钱,因为你没有成为一个投机者的打算。

既然你已经对怎样和如何进入市场有了自己的想法,那么让我们回到对于商业头寸交易者的研究上来,去观察一些威廉姆斯商业指数的图表,从而理解这个时机选择工具的重要性(见图 10.11～图 10.14)。

我希望这些图表能够帮你了解价格的上涨和下跌不仅仅是由市场造成的。更确切地说,价格的运动是引起价格波动的事件作用的结果。这些事件中最关键的就是最聪明的钱在这个行业中的所作所为,他们不像股票顾问那样通过电子邮件或者网页指导操作,而是通过现金自己来操作。现金为王,这是金科玉律。

最伟大的交易者之一保罗·图德·琼斯(Paul Tudor Jones),他一直担任着一家投机基金的经理,说过一个交易者应该做的所有事,他的原话是:

资料来源:吉尼斯金融技术有限公司(www.GenesisFT.com)。

图 10.11　国债走势

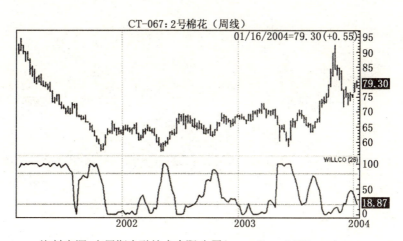

资料来源:吉尼斯金融技术有限公司(www.GenesisFT.com)。

图 10.12　棉花价格走势

　　"假如你没有发现机会,就不要进行交易。只有当你发现机会时,才去承担相应的风险。"

　　商业头寸交易者和威廉姆斯商业指数能做的就是帮助我们注意这些机会,当我们准备在一个非常具有风险的交易世界里承担风险时,我们会发现很多机会。对于交易和这个行业是干什么的这样的问题,大多数人感到困惑。这个行业包含了如此多的个人情

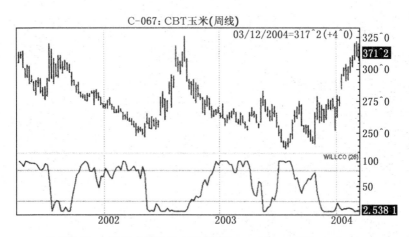

图 10.13　玉米价格走势

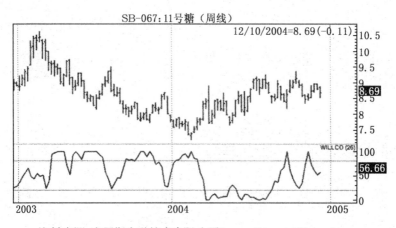

图 10.14　白糖价格走势

感,其中就包括赚钱和赔钱时的情感。也许还有比金钱损失更令人痛苦的情感损失,那就是自己被证明是错误的,并且其他人——包括朋友、爱人和经纪人——知道这件事。这就是我说下面这句话的原因,"你对我的交易的看法不是我关心的事"。

　　最终的游戏或者智力上的挑战就是我们所做的事——交易股票和商品。没有其他事像它一样。我们需要技巧、纪律、规则、大量资金,以及对自己情感的完全控制。

　　我将努力做到这些。我们经常因为心理上的原因而进行交易。困扰我好几次的问题是,当我认为我已经做到了或者快做到这些时,由于第三方的评论而离开了正确的路径。

　　在大多数变糟的关系中,你总能发现一个第三方的煽动者(通常没有被当事人发现)。交易中也存在相同的情况。这个问题在我们的交易中可以用两种方式发展。

　　第一种方式也是最容易发生的,就是告诉某些人我们自己的交易。这样,对交易者来说通向地狱的大门就打开了。

　　这就是原因。一旦我们告诉别人我们在做什么,那么自我就出现在那里,完全体现在图线上。最终我们更关心的是自我而不是金钱,因此,让我们开始一场战斗———一场关于自我的战斗,去向别人表明我们是正确的。据我所知有很多方法可以来开展这场战争。

　　许多年以前,我在一个公共的热门谈话电视节目上和吉恩·英戈尔(Gene Inger)进行了现场直播的辩论,他是一个新入行、有潜质的人,也是洛杉矶电视屏幕上流行一时的狂人。他是看涨的,而我是看跌的……还有更糟糕的,他是正确的。

　　通常,我将放弃自己的看跌观点,转而看涨。但是自从我在电视上鼓吹了自己的观点以后,假如我放弃这些观点,我是多么难堪呀。真是一个傻瓜,不错,那就是我。他是怎样看待我的交易,电视节目的观众是怎样看待我和我的地位,这一些突然成为我关心的事情。

　　而那不应该是我关心的事情。我应该做的是低位买进、高价卖出,或者高价卖空、低价买入。你最好已经知道这些。现在自我体现在线路图上,当我们这些投机者处于错误的一方时,我们倾向于固执己见而不是承认自己方法中的错误。

　　从精神上来说,如果告诉别人你正做什么,你将陷入麻烦,远比市场制造的麻烦多。

　　第二种方式就是去阅读、聆听、思考或者进行大量的观察。我们应该订阅某人的通讯,阅读电子邮件,然后再面对面地和他人讨论自己的观点。使用交易员持仓报告数据是一件愉快的事情,这些数据要比电视上任何人说的东西,或者一些狡猾的年轻记者在《华尔街日报》和《投资者每日商报》上报道的东西要重要得多。这些人空谈着闲话、谣言和不完整的故事。同时这些报道中没有现金交易出现,而交易员持仓报告中有。再一次强调现金为王,这是金科玉律。

对短期交易的一点看法

一些观点认为股票和商品的价格是随机的，因此无法进行预测，大学中又有好多机构正在研究这些。然而，具有讽刺意味的是资助研究的是那些从市场挣了很多钱的交易者。

我首先赞同股票和期货价格存在着随机性，并且，事实上每天的价格活动大多就是这种情况。

但是，仅仅因为存在部分随机性，就能认定市场总体上是随机的吗？肯定不能，就像部分有序不能排除无序是一样的道理。

不要将那些告诉任何一个经济学教授！他或她会用英国数学家莫里斯·肯德尔（Maurice Kendall）的成果来反击你，莫里斯·肯德尔在 1953 年时宣称，价格是随机游走的，几乎就像运气之神每周一次抽一个随机数字，然后把它加入当前的价格，从而决定下周的价格。

在斯图尔特·C. 迈尔斯（Stewart C. Meyers）和理查德·A. 布瑞利（Richard A. Bredy）所著的《公司金融原理》（*Principles of Corporate Finance*）一书中，我们被告知，今天的价格变化走势几乎没有给出投资者任何关于明天可能怎么走的线索。假如这些说法还没有使你气馁，那么继续阅读你会发现这段可爱的陈述："竞争性市场上的价格服从随机游走。"

这是为什么呢？假如过去的价格可以用来预测将来的价格，那么投资者就可以很容易地赚取利润。但是他们看到的是，当投资者运用这些模式时，价格会根据他们的行动调整，这样，通过研究过去的价格运动来获取的超额利润就会消失。

假如这是真的，对我们这些努力奋斗的投机者来说不是好消息。这意味着我们不能在游戏中领先一步。

然而确实存在持续赚钱的方法。难道是肯德尔和所有这些高级学者的著作错了？是的，我的回答是：是，他们错了！否则，价值线或者扎克斯投资研究所（Zacks Investment Research）精选又或道氏理论的忠实追随者怎么可能会有持续的战胜市场的表现？投资者怎么可能根据我的时事通讯，从标准普尔 500 指数期货完美的价格形态交易中不断地每年赚取30 000美元？运气不会持续那么长时间的。

市场——不是掷硬币

这里我试图驳斥一个观点，这个观点认为市场是随机的，不比掷硬币好多少。

上周我读了读这些乏味理论研究著作中的一本，它总结的观点是：市场是完全随机游走的，你最好掷硬币或者掷飞镖。从根本上说，作者的意思是市场拒绝预测，因为市场运动既没有规律，也没有原因。

好吧，也许是的。但是我的交易经历煽了这种观点的耳光。它意味着我实际中赚取的几百万美元利润都是运气的结果。我首先要承认的是，其中的一些成功确实是运气的原因，好吧，让我喘口气。

我启动了那台老式电脑去仔细观察走势，一些激动人心的数字出现了。起初，很容易发现猪排或者股票的走势像是掷硬币的结果——或者某种程度上有点像。先要研究的是自从 1982 年以来，标准普尔 500 指数每天收盘有多少次是上涨的（或下降的）。假如这是掷硬币，那么大概有一半时间是上涨的，一半是下跌的。让我们更深入些，每出现100 次正面，那么连续两次正面的次数是 50，连续三次正面的次数是 25，连续四次正面的次数是 12 等。表 10.1 就是我的发现。

表 10.1　　　　　　　　　　　收盘上涨和下跌的次数

上涨收盘的次数	2 762		
下跌收盘的次数	2 507		
连续两次上涨收盘的次数	1 366	期望数目	1 381
连续三次上涨收盘的次数	648	期望数目	690
连续四次上涨收盘的次数	294	期望数目	345

嗨，这看起来很像掷硬币！最大的偏离就是，我们没有看到概率理论告诉我们的连续四次上涨应该有的频率。另一个有趣的现象是：每天只有四种价格的线形图，它们是上升线形图（更高的高价和低价）、下降线形图（更低的高价和低价）、内含线形图（更低的高价和更高的低价）、外包线形图（更高的高价和更低的低价）。在标准普尔 500 指数中，这四种图形的分布不是平均的，共有 2 156 个上升线形图和 1 890 个下降线形图（少于

13%），仅有 565 个内含线形图和 592 个外包线形图。

现在，让我们对数据进行更深入的研究，因为"趋势是所有利润的基础"，而不是简单的收盘价的涨跌。

和我们有关的是价格的波动幅度，而不是简单的每天的价格涨跌。现在，如果市场是一个掷硬币的过程，不管收盘价是涨还是跌，从开盘到收盘，价格的变化是相同的。我却发现情况不是这样的。表 10.2 显示的是在出现连续下跌的收盘后，在开盘时买入并在同一天以收盘价卖出的结果。

表 10.2   **连续下跌收盘**

连续下跌的次数	交易的次数	交易产生的利润(美元)
1	2 507	−165 990
2	1 119	−46 618
3	480	38 563
4	182	93 210
5	59	56 783

如果我们仅仅是在掷硬币，不管连续出现正面和反面的数字是多少，结果应该是大致相同的。通过长期观察，这里的情况不是这样简单的。我们所知道的是，当市场已经经历过一连串下跌后，大多数人期望出现大幅反弹。

当我们把注意力转移到实时交易模型时，情况会变得好些。假如像教授们声称的那样，市场是随机游走的，那么系统就不该起作用，因为未来是完全不可预测的，因此，系统的结果应该展示出一种随机游走性。

盈利模式或者随机性？

让我们把注意力转向系统交易，交易的是标准普尔 500 股指期货。这种系统比我拥有的最好系统都好得多。有了更好的系统，因此随机性在这里应该更明显。现在我将忽略具体的结果，把注意力放在表 10.3 的交易序列上。

表 10.3　　　　　　　　　　　**盈利序列**

连续盈利次数	交易的次数	下次交易盈利的概率	每笔交易平均盈利(美元)
1	622	81.5％	1 308
2	507	81.3％	1 377
3	412	80.1％	1 481
4	330	80.9％	1 530
5	267	79.0％	1 607
6	211	77.7％	1 790
8	126	77.8％	1 738

如果总体是随机的,赢一次的交易序列有 622 笔,我们应该看到下一行中连赢两次的交易,应该只有一半——311 笔,但我们见到的是 507 笔。再下一行中连赢三次的次数应该是 507 的一半,即大概为 253 笔。然而,数据表明我们得到的是 412 笔,往下这种情况还在继续着。

还有,更重要和令人感兴趣的发现是:每行中连赢的交易次数越多,每笔交易的平均利润就越多。

谚语"站在趋势一边(顺势而为)""当你手气好时,你的手气会更好"在这里被证明是正确的,在其他研究中我也一次又一次地得出了相同的结论。

看看损失

表 10.4 表明,对损失序列的研究结果同样非常有趣,它揭示了同样的事实:要么就是我们能击败随机性,要么就是随机性根本不存在。

表 10.4　　　　　　　　　　　**损失序列**

连续损失次数	交易的次数	下次交易盈利概率	每笔交易平均盈利(美元)
1	159	77.8％	1 101
2	44	72.3％	1 059
3	12	58.3％	1 151
4	5	60.0％	1 497

再次用数据来说话,我们看到:损失也没有呈现相等的分布。表中第一行有 159 笔失败的交易,那么下一行中连输两次的交易应该是 80 笔左右。然而,我们看到的是 44 笔。然后我们该看到的连输三次的笔数应该是 40(160/2＝80,80/2＝40),但我们仅仅看到 12 笔。我们也发现每次交易的平均利润从 1 101 美元增加到 1 497 美元。利润增加的幅度是 35%,随着损失次数增加,平均利润稳定增长。这些都否认了随机性。

这是我的观点:当市场充满随机性时,那它们就不完全是随机的。因此,它们是可以预测的——当然,不是 100% 准确。感谢我们交易世界中存在的随机性、逻辑性、基本原理和次序。

请出商业头寸交易者

随机游走理论宣称过去的价格是不能预测未来的,市场是如此有效以致无法战胜。

我发现了一个小小的机会:总体上市场上涨的频率要高于下跌的频率。事实上,从 1982 年开始,如果你每天开盘时买入,持有到下一个能赚钱的开盘卖出,你将会从 1 420 笔交易中赚取 95 563 美元的利润。问题是 210 955 美元的回调对我们大多数人来说,有点太大了。但是不管怎样,市场向上的倾向性是明显的。

根据随机游走理论,我们肯定不能预测明天是涨还是跌,但是我们发现这种说法存在偏见。

给教授们泼泼冷水

商业头寸交易者既是大的套期保值者也是商品的生产者和消费者,他们对期货价格的影响力是巨大的。如果他们持有净多头,价格一般会上涨;如果当他们持有净空头,价格大多倾向于下跌。至少,我是这么看的。

假如我们能证明这个命题,那就表示市场不是完全随机游走的,这样我们就能推翻有效市场理论。那是一个相当艰巨的任务,工商管理硕士和博士们已经研究了许多年。

我尝试了一个有趣的小实验,我给我的吉尼斯软件编程,如果交易员持仓报告商业指数在 6 个月时间窗口内是低于 50% 的,换言之,在过去半年里,商业头寸交易者的卖出是多于买进的,就让程序在每天开盘时买入标准普尔 500 指数。

这就是所有的结果

这项研究的结果非常有意思。1982 年以来,有 846 天是符合这个标准的。假如你在第二天开盘时买入,你将损失你所有的钱(不是很多——170 美元)。回调是惊人的——209 755美元。

现在,如果你仅在套期保值者做多时做多买入(那就是交易员持仓报告指数高于50%),结果显然不同。

当交易员持仓报告指数大于 50%时买入,此时符合要求的交易很少,仅仅只有 371笔,但利润是76 605美元,平均每次交易的利润为 212 美元! 哦,商业头寸交易者在交易中取得的结果是多么的不同,这说明市场根本不是完全随机的。同样,检验一下,回调仅仅是39 145美元。

我从来都没有仅仅因为交易员持仓报告指数大于 50%就进行交易,但是可以肯定这是开始交易的好时机。

"也许,仅仅是也许,"我听见你说,"标准普尔 500 指数是个例外。"我自己也想确定一下,所以我对债券市场做了同样的研究。

再一次,我让我的系统仅在 6 个月的交易员持仓报告指数低于 50%时买入。结果交易了 633 笔,损失13 985美元,回调是25 733美元。简而言之,和在标准普尔 500 指数上的操作一样,不是买入的好时机。

当交易员持仓报告指数高于 50%时买入时情况会怎么样? 我的发现非常具有启发性,606 笔交易产生的利润是28 418美元,回调仅仅是17 695美元。

一石二鸟

这些实证的结果可以很好地说明问题:当商业头寸交易者是多头时,在两个市场的买入都是可预测并且是有利可图的;然而当商业头寸交易者是空头时,买入结果也是可以预见的糟糕。显然,存在一种还没被发现的能对价格产生影响力的优势(力量),我们可以抓住这种优势。

这就是我们要指出的第一点:市场不是完全随机的。

第二,这项研究证明下面的观点是正确的:商业头寸交易者的头寸对于价格走势有非常大的影响,甚至可以使市场短期反转。几年来,人们都认为商业头寸交易者的头寸对于期货价格的走势没有影响。他们可以那么想——事实上这样的想法越多越好,但是,这些令人印象深刻的数据,已经足够使我确信要继续密切注视这些家伙。

忏悔时间

忏悔对心灵是有好处的,可能对我比对你更有好处。哦,我知道这会发生——2003年过得如此顺利,生活很好,一次接一次的交易做得更好。我和我的笔记本电脑以及一些标准普尔 500 指数的形态使我在那一年挣了 40 多万美元。

肯定的是,通往天堂的路不是平坦的,它是曲折和反复的,但是整条路虽有颠簸,但也不是困难得无法行走。

直到……

11 月中旬,我卷入了一次回调。这不是一次大回调,相对于我经历过的,这次只能算是小孩子的把戏。在我这个年龄以我的交易水平,每次回调都觉得太大了,规模太大了。但这还只是整个进程的一部分。事实上,过去 15 年来,每年我都会问自己能做什么交易,都会考虑我可能会面临的最终的回调。它们是这个行业每年都发生的事,因此,你最好像我一样,预先做好准备。

但是,这次不同,不是调整的幅度让我承受不了,是我自己(让我承受不了)。

我要把它讲完。这是很难讨论的东西,但是已经有人说了很多,甚至多于那些网站嘲弄的轻松赚钱的事。因此,我要继续这个话题。

不管什么原因,2003 年 11 月上旬,我脱离了我的路线——我的系统。好的,"任何原因"都是我在找托词,我对发生的事情一清二楚。

我成了一个看空的人。

不是疯狂的、世界末日般的看空,我仅仅是对股指行情持消极态度。

情节变复杂了

人往往是两面性或者是多面性的,像你们中的大多数人一样,我一直在思考和研究市场。这是由于我的激情，我生命中没有其他任何东西比理解和破解市场的秘密更能激励我。对此，我已经习以为常，以致我都忽视了损失——但是也没忘了我的盈利，以及我从中学到的东西。

市场要素的复杂性都是由理性想法创造的。这要花费多年的时间去努力、尝试、失败和学习。

因此，我停止跟势交易，甚至歪曲行情来支持我的熊市观点。我在11月份的报应不是系统造成的，而是另一个我造成的。

还有，经过这么多年(41年)，盯着这些愚蠢的图形后，我的报应就是我自己。我自己小心翼翼地前行，就好像猫在追捕它的猎物一样……像杰克·伦敦(Jack London)的小说——因纽特人怎样杀死妻子。

交易中最难的部分

这不是因为市场，而是因为我们自己。就像在加利福尼亚最快的高速公路上开车。你知道吗？这些高速公路是非常安全的。但是，如果你的注意力一不集中、一转向或者忽视了安全驾车的原则，你就是一个濒死的人了。

你经历过一场车祸吗？在车祸中你的第一个想法往往是："哎呀，假如我能出门早5分钟或迟5分钟""为什么我不能看看呢。"诸如此类的想法会充斥你的脑海。

交易中也是这样的情况。一个错误的决定就会使你崩溃。我的决定是跳出正在下跌的市场，因为我的想法是在更低的价格买入(我现在已经听见你痴痴的笑声了)。我感到很不安，没有在更低的价格买入，因而一直在等待价格回到我卖出的价位。是的，对了。我一直在想我母亲怎么养了这么一个傻瓜。我不再抱有那种欺骗性的想法！我已经成为一个无可救药的傻瓜，试图证明一个观点：当自己错误的时候去证明自己是正确的。

所犯的就是这样一个小错误。

那就是我的情况，使用一个非常好的花了我一半脑力的系统进行交易，但是，另一半脑力花在了关于熊市的事情上，并且开始用事实来证明。

在那段时间，系统确实能赚很多钱，但我不能。基于我非常聪明的偏好和非常努力的思考,都无法做到像系统那样赚钱。

严重的是,我不是唯一的一个。我读了每一封同意我观点的时事通讯,参与了斐波纳契(Fibonacci)回调的讨论,甚至看了线形图(那能戏剧性地使我放松些——某个聊天室,那里有一群评论家在对于线形图的形态发表不同的观点)。那并不重要……重要的是我停滞不前,花了很多心思去讨论和解释没有实际意义的东西。

这是对脑力的浪费呀! 我只要花这一半的脑力,不用全部就能把事情做得更好! 在这件事情上面无论你想什么都是不会发生的。

关于交易者精神世界的更多内容

万物始于心灵,一切都源自你的大脑,甚至投机的主意也深深地隐藏在大脑的褶痕中。因此,要在交易中取胜,我们最好注意一下我们的思想。

我不是专家,但是……

当我写这个主题时,毫不夸张地说,我是一个多面手。确实,我大学本科选修的是心理学,但是我的数据库里并不是成百上千个成功的交易者,我研究这种现象的数据库主要是根据我自己以及许多失败的交易者的经验,他们每天打电话咨询、顺便访问或者在研讨会上与我交流。

我曾经会见过 50 多位非常好的交易者,想看看是什么使得他们领先于 50 位我知道的老是表现糟糕的交易者。令人吃惊的是,他们的基本理念体系没有多少区别。

两个群体都表达了强烈的取胜欲望,双方都有积极的工作态度(强迫性的投入,假如事实即将揭晓),都相信他们将成功地控制局面。

最后我能确定的差别主要有两个:

第一,那些赢家都很有趣、富有幽默感。我猜你可能会说,他们表现得多么轻松啊。你猜对了,他们不喜欢失败,但是他们能应付这种情况。失败者宣称他们也痛恨失败,但是比起那些胜利者,他们对于失败要更加焦躁不安,更不愿意接受损失。

胜利者面对打击会斗争,而失败者会被这些打击击倒。

同时,交易规模的影响也是特别真实的。散户,无论是赢家还是输家,总是那样行事,因为他们从根本上不能很好地处理正在增加的交易合约。交易规模很重要,但是那些大赢家们从来不会让交易头寸的大小影响他们的决定。试图获取大利的散户,会因为交易规模的大小而失去自制力。因此,当他们出错时是脱不了身的。交易规模的大小导致了这些人思想上的僵化。交易的规模并不要紧,当你逐渐增加合约数目时,也许是从1张增加到2张,或者从10张增加到50张,不要因为合约的新数目,就改变任何你已经在做的事。毕竟,市场不知道也不关心你拥有多少张合约。规则并没有改变,所以你也不应该改变。

第二,这两个群体使用止损保护的方法不同,这是他们之间更大的区别。不管是男还是女,大型成功交易者都有一个绝对格式化的风险控制措施,然而接到追加保证金通知的交易者看起来并没有进行保护的概念。他们的止损总是由痛苦引起的,当他们承受的巨大痛苦超出他们能控制的范围时,他们做的就是坚持自己的头寸。胜利者把传统的体育运动方面的谣言"没有痛苦,就没有收获",变成了"有痛苦,就没有收获"。他们避免痛苦,但是失败者不这样做。事情就是那么简单!

下面是全欧洲最成功的交易者之一保罗·罗特(Paul Rotter)的一些评论,他是以操盘而出名的。那些评论可以使你更深入地了解哪些是成为赢家的要素。

我经受过大亏,但是总能以大胜挽回。因此,我不再对损失感到敏感。我知道我能挽回损失。因为这点,我更愿意在糟糕的一天停止交易,去接受小的损失或者中等的损失。

我的法宝之一,就是有能力在大胜时变得更有侵略性,在大败时变得相反。这和大多数人是不一样的。

在损失达到一定程度时,你应该找一个和交易没有任何关系的人结束你的交易,然后送你回家,这种做法将拯救成千上万的交易者。

为了适应特殊的市场情况,我一直在调整我的交易风格。例如,在一个动荡的交易日,我打入市场的单子一般较少,执行更多的单边交易,尽管我持有它们大多数时候仅为几秒钟。

我一直严格设定每天的交易目标,限制我的利润和损失。最重要的就是止损限制,或者简单地说就是限制损失的规模,那会使我关掉显示屏。我尽力做到只要我的头寸开始朝相反方向运动时就进行结算。一个领导者或者分析师也许不得不坚持他的观点,但是一个交易者根本不应该有观点。该结束一个损失头寸时,你越是错误地坚持你的观点,你的问题就越多。

解决所有这一切的方法是尽可能快地回到道路正确的一边来。换言之,当你错误时放弃你的想法,回到真正重要的事情上来——关注商业头寸交易者。

当你研究数据,解读商业头寸交易者的行为时,你是在论述一个完整的(而不是部分的)鬼故事,这个鬼故事不能完全准确地被描述。对数据来说,你不能获取所有的数据。交易员持仓报告数据是看涨、看跌还是中性的,我们当中无论是 2 个还是 20 个,任何人在看这些数据时,都能从中发现同样的东西。它不需要去解释,也不需要长期的讨论。不管怎样,多年来它该死的见解一直比《华尔街日报》的报道或者电视上热门的谈话节目要可靠得多。

考虑我看到的网站聊天室贴出的一系列问题,那里有许多高手互相交流着对 2004 年底零售额的想法。

数字看起来不错,消费者信心指数比预期的 94 要高,跳到了 102。但是从一个零售商的角度来看,当消费者如此有信心时,为什么刚刚过去的圣诞购物旺季的销售额不高?可能除了高端的消费外,各个层次的主要销售都只是努力进行着,力争使 2004 年的最后一周成为零售旺季。企业联合会(Conference Board)看到了消费者(劳工大众)的状况了吗? 或者他们研究的仅仅是中产阶级和更高层次的人群?

网站上对于耐用品报告也提出了质疑,报告表明耐用品消费有增长,促进了市场相应的上涨。耐用品是个大类,它一般指可以使用 5 年或者更久(洗衣机、烘干机、冰箱等)的物品。当然你也可以把飞机、火车和汽车当作耐用品。但是,如果耐用品是一个长时间段内仅购买一次的物品,那么为什么它们还是如此的重要,以至于导致市场如此剧烈的波动。

谁能正确地回答所有这些问题? 我肯定是不行的。这些问题可能永远无法回答,或者,至少不可能正确回答。而且即使回答正确,他们也不能帮助我们和可操胜算的资金一样成功投资。傻瓜们才会关心这些东西,让我们停止追逐这些。更好、更直接的问题等在那里:可操胜算的资金都在干什么呢?

我们没有必要去问我们的经纪人、理发师或者银行家们,他或者她在想什么? 与市场中最大的力量——商业头寸交易者——相比,他们是谁? 他们什么都不是,他们就是他们自己。他们的想法就是大众群体的观点。我已经告诉过你,谁是这个市场中真正的参与者。因此,现在就停止询问和寻找吧!真相就在这里。他们在这个行业的表现远不够完美,但却是这行中最好的。我在这里竭力要说明的是,没有人——不是我,也不是其他任何人,对市场有最好的答案。这个领域不存在完美。不要再浪费时间去寻找不老泉水或者完美市场。研究商业头寸交易者对你更加有益。鉴于商业头寸交易者的行动通常有些早,因此,还要关注价格趋势的变化,最终就像我在最后一章讨论的那样,利用商业头寸交易者行为和价格趋势的关系来做决策。

第十一章

商业头寸交易者新解

——股票市场的应用

股票市场上唯一的商业头寸交易者就是经纪公司。

好了,受够了这些胡言乱语。让我们回到工作中来。多年以来,我试图了解商业头寸交易者对商品价格变化是如何做出反应的。我知道他们在价格下降时按比例买进,价格上涨时按比例卖出。事实上,多年以前,当一个月前的交易数据出来后,我们试图建立指标来估计他们的买卖行为。像李·特恩布尔(Lee Turnbull)、吉米·默兹(Jimmy Murzyn)、比尔·米汉和我,我们这些人研究的目的就是为了看看我们能否设计出一个综合指数。

那些早期的努力并没有获得成功,但我认为我可以设计出这个指标。让我们从分析大豆图(见图 11.1)开始。除价格之外,我还把用来估计商业头寸交易者行为的,花了我很多心血的指标(以下译为套保指标。——译者注)也直接标注在图形下方。最下面的曲线是 6 个月的商业头寸交易者的交易员持仓报告指数。图中,指标和交易员持仓报告指数都在 80%(牛市水平)和 20%(熊市水平)时做了标记。

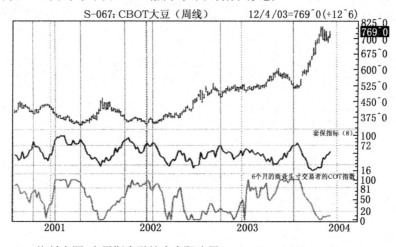

资料来源:吉尼斯金融技术有限公司(www.GenesisFT.com)。

图 11.1 大豆价格走势

当套保指标进入购买区时,我用垂直虚线在图中做了标记。尽管不是完全吻合,套保指标和实际的交易员持仓报告指数亦步亦趋。再看另外一个例子(见图11.2),套保指标和实际的交易员持仓报告指数在峰顶和谷底的走势是多么一致啊!

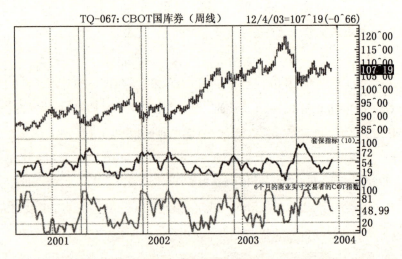

资料来源:吉尼斯金融技术有限公司(www.GenesisFT.com)。

图11.2 国债走势

就如你所看见的,大部分时间内,套保指标和实际的交易员持仓报告指数在判断买卖方向上是一致的。好,如果真是那样,那我们就已经设计好了这个综合指数,我们就应该能够把它应用到股票分析中来,去看看商业头寸交易者在股票市场中的行为。那样的帮助实在太大了!由于股票市场没有同期货市场一样的公告制度,如果我们能够把商业头寸交易者在股票市场的交易活动模型化,那我们就可以具有一种远见、一种优势,这种优势是任何其他市场参与者都没有的。这里是一些大家感兴趣的股票。

记住,即使是商业头寸交易者也不是完美的。他们可能会买得太早或者卖得太早,并且有时会不小心出错,但是那样的情况是很少的。图11.3微软公司股票走势图中,套保指标显示了几个好的买入点。让我们多看一些图(见图11.4~图11.6)。

看来,基于这种指标我们可以对个股有额外的一些见解,2003年我第一次在刊物里对其进行了介绍。此后,我们发现这个指标有时能判断正确有时判断失误,但是总体来看,准确的次数要多于失败的次数,我不愿意完全公开这个指标(不要担心,你们可以在我的网站看到已经更新的指标,网址 www.ireallytrade.com),我更愿意从总体上解释一

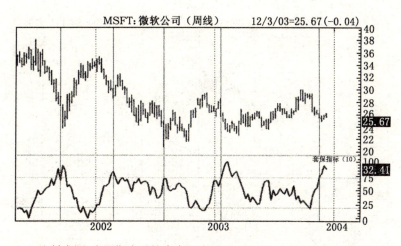

资料来源:吉尼斯金融技术有限公司(www.GenesisFT.com)。

图 11.3　微软股价走势

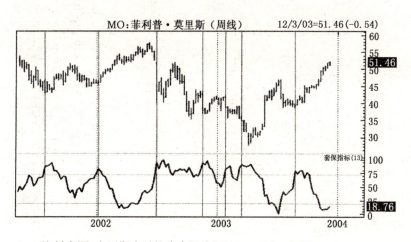

资料来源:吉尼斯金融技术有限公司(www.GenesisFT.com)。

图 11.4　菲利普·莫里斯股价走势

下这个指标。

　　这个指标主要是通过观察商业头寸交易者低买高卖的持续性而设计出来的。过去的 30 年里,我一直观察他们的做法。所有我做的就是把已经发生的行为集中记录下来,并且把它设计成模拟交易或者套保指标。这个指标可以应用于任何股票,而且我在对日

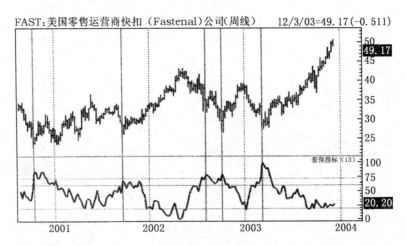

资料来源:吉尼斯金融技术有限公司(www.GenesisFT.com)。

图11.5　快扣公司股价走势

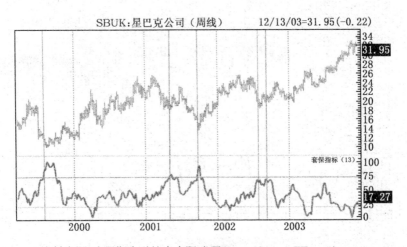

资料来源:吉尼斯金融技术有限公司(www.GenesisFT.com)。

图11.6　星巴克公司股价走势

本、中国、欧洲股票的评论中也使用了同样的公式。我认为它在分析优质股票时是最有效的,但不太适合分析低价的垃圾股。尽管如此,我将给大家展示指标在更多的投机性股票中的应用(见图11.7～图11.10)。

对股票交易者和投资者来说,这个指标是一个有价值的工具。我还想展示一些股票

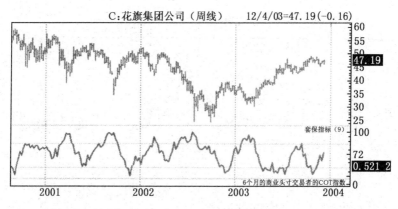

资料来源:吉尼斯金融技术有限公司(www.GenesisFT.com)。

图 11.7　花旗集团股价走势

的例子,因为我希望用这个指数做更多,以致它能帮助我们了解更多交易员持仓报告在商品期货市场可能展示的信息。总而言之,我们比其他交易者多了一个预测工具——关于商业头寸交易者将做什么的一个建议。一些商品市场是没有交易员持仓报告数据的:猪腩、CRB 指数和其他立刻能想到的外国市场。

现在,感谢套保指标,如果这些市场有公告要求的话,我们就能了解商业头寸交易者将要采取的行动。

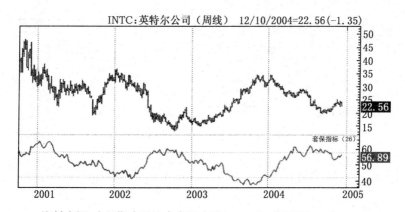

资料来源:吉尼斯金融技术有限公司(www.GenesisFT.com)。

图 11.8　英特尔公司股价走势

INNO:服装公司泽新集团（Innovo Group）（周线）
12/10/2004=2. 31(+0. 20)

资料来源:吉尼斯金融技术有限公司(www.GenesisFT.com)。

图 11.9　服装公司泽新集团股价走势

CTXS:美国思杰系统有限公司（Gtrix Systems）（周线）
12/10/2004=25. 04(+0. 44)

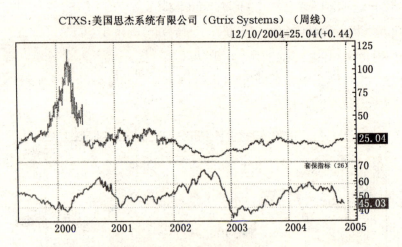

资料来源:吉尼斯金融技术有限公司(www.GenesisFT.com)。

图 11. 10　思杰系统有限公司走势

———— 第十二章 ————

关于交易的思考与指引

争辩并不可怕,逃避才更可怕。

如果不学会摔跤,那么你永远摔不好跤。杂技演员和商品期货交易者有很多相似的地方,我们都在尝试极少数人会尝试的事情,并且都在寻求伴随高风险的高收益。山姆·金恩(Sam Keen)的《学会飞翔》(*Learning to Fly*, Random House, 1999)是一部值得杂技演员和期货交易者们一读的不错的作品。

杂技演员的最基本原则是:"学会杂技之前先学会摔跤,为失败做好准备。"这也是我能想到的给交易者最好的忠告了。大多数人如此热衷于交易,总希望能三步并作两步走,早日变成百万富翁,以至于可能会忽视由此承担的风险或损失。

作为一个交易者,这是肯定会碰到的,真的,在你学会失败的最好方式以后,成功肯定就离你不远了。

杂技演员开始学习杂技时总是利用防护道具,在必要的时候有保卫人员拉绳子,以防止自己受伤。在期货交易中,我把这个称为模拟交易。

利用防护道具他们学会了空中飞跃,只有一张防护网在下面保护,而且这张网并不能简单地保证什么。不恰当的着网方式可能会导致严重的损伤,所以他们日复一日地练习着网。这张网就好比我们的止损单,使用不恰当可能会出现大问题,但如果使用恰当的话,止损单会挽救你的金钱和心情。

止损的艺术

在我早年做交易的时候,止损对我而言很难。我总是做一些听起来很玄乎很壮观的事情,总能抢到头版头条,并且我也因此成为最受关注的人物。但是,像沃林达斯(Wallindas)走钢丝一样,(至少对我的反对者而言)我也同样重重地摔过跤。

保证金追加通知单和我可绝不是陌生人。事实上,我们是好朋友。开始,我以为是我运气背或者是缺乏更好更完美的系统,现在我觉得这种想法太荒谬了。交易的基本规则本身就是不完美的博弈。这中间有很多由完全随机交易而产生的机会或者空子,而这是难以解释的,这些都是难以预测的。

所以,说到底,好像没有哪一个有魔力的点可以止损,也没有哪一个神秘的数字或者价格区域能让我们避免风险。

止损保护的是什么

止损单不能改变这个游戏规则,它不能将一个失败的系统变成一个成功的系统。止损单对于我们唯一的作用是扮演那张 "飞翔者"下面的网以防止我们坠毁。如果你在交易中不止损,我敢保证总有一天,说不定很快,你就在这个市场混不下去了。

止损单的功能是保护我们的金钱不受损失。所以止损的标准应该是我们能够承受的最大金钱损失,而不是图表形态、趋势线或者诸如此类的东西。止损单不能使我们不受趋势线的影响,它能让我们避免亏钱。所以基于金钱损失的止损单止损效果最好。

从我收到最后一次保证金追加通知到现在,已经差不多 20 年了——而且,是的,我一直在交易,每周大概几百张合约的样子。使我扭转局面的就是止损的恰当运用。另外,利用止损还有另一个好处,对荡秋千演员也一样,就是当你知道下面有一张网会接住你时,你会更放心地去尝试更多疯狂的跳跃动作,或者是交易的新手法。

这不是一个非黑即白的行业

我每天都听到有读者这样那样的评论:"但你不是说……""第 63 页提到了……""这两条线相交了……""这是 11 月的交易日,难道我不该……"等,这些反映了成为赢家的一个重要方面。

这就好比是生活

商品期货交易不是一个非黑即白的过程,生活同样如此。我们都知道(我想是这样的),作为交易者,我们对确定性如此渴求,以至于会全然忘了思考。正如数学这门精确的科学,在被应用到不完美的股票市场和期货市场的时候,它又成为用来简单地对不完整性给出简洁明晰定义的一种工具。而且,请一定记住最重要的一点是,投机是一个脑力活儿。如果你不擅长思考,或者说至少不擅长去找正确答案的话,你最好尽快退出这个市场。

之所以会这样,是因为人们总希望有一种完全贴近市场的自动交易系统。

传播不好信息的两个最大的来源就是所谓的投资分析师或者像我这样的作者,常常把一些不好的信息强加给市场上无知的交易群体,这些信息或者是市场连续极度走熊,或者是在某个隐蔽的地方存在着一种近乎完美的交易机制,它有着固定的交易节奏、指令或者结构。这就是投机的两个最大的神话。

诚然,股票和宏观经济总有不景气的时候。但是,有一个那么多新闻记者的圈子,借着蓄意迎合1929明日重现之类的市场即将萧条或者崩溃的说法,过着富裕的生活。我就认识这样的人,有一次还和他们一起参加过这样的讨论会。我注意到,他们很一致地认为市场即将走熊——在1962年的一个案例中。在一次私下里谈话时,这些"大惊小怪者"中的一个家伙告诉我,市场上有很多的投资者害怕未来,而他的任务就是在他们中间煽风点火,这是一个容易定位的市场,他们的生意很好做;而且就算我的股票选错了,也不要紧,业绩一点也不重要。只不过再一次证实了他们希望听到的东西(对未来悲观的观点)。

这些人中间充满了自以为是天才的人,他们通过过分透彻的分析,得出美国和这个世界的未来就在我们身后的结论。简直就是废话!即使只通过最简略的历史学习,也能知道这样一个基本观点,人类的生活条件总是不断地变好,可支配的资料也越来越多。纵然会有起伏,前进也远远地超过了倒退。

硬币的另一面是"自然法则交易者"(Cosmic Trader),他们相信市场每次走高或者走低都是可解释的,股价高走或者低走也是完全可以解释的,并且通常要提前支付适当的学费。我早年的时候,由于没有注意到市场和同行的行事方式,陷进了这种论调。毕竟有人通过这种方式成功了,并且还能解释得通所有之前的市场动向,那些市场动向在过去已经发生过。

通常,这种观点是基于W.D.江恩(W.D. Gann)的传奇故事的。我在其他地方也写过他只是很善于通过一些成功的交易策略做表演,有些故弄玄虚,很好胜、很有观众缘的那么一个人。还有,这并不是我的个人观点,而是F.B.撒切尔(F.B. Thatcher)——W.D.江恩父子的前辈——向我提及的一个事实。

　　我在外面和那些人在一起花的时间越多,看到的失败的投资者也越多。虽然他们对过去的解释很有才华,但是对未来的预测准确性也大概只有1/20。并且毫无疑问,那1/20会是他们在宣传的时候不断鼓吹夸大的部分。这根本没有真实性可言。就算他们过去犯过一些致命的错误,也不能阻止他们再试图对市场做出预测!至于这种预测,是不是准确,是不是赚钱,根本和他们没有关系。这些都只是用来证明他们那些晦涩难懂的预测是管用的。

　　在成千上万的应用江恩自然法则的投资者中,我只发现两个人做得很好,阿奇·格劳福德(Arch Grawford)和杰里·弗沃斯(Jerry Favors)。但是千分之二可不是什么很高的平均成功率,再说他们都是绝顶聪明的家伙,是受过良好训练,又有着丰富经验,不只使用一种方法的交易者。

　　"一切都可获知"这一假设的根本问题在于,它使你放弃恐惧,并且把你的信念和金钱都寄托到一个市场上并不存在的基础之上。如果你关注的是这个市场,是正在发生的事情,而不是某只股票或者商品必定会如何的信念,你成功的概率将会大大提高。

　　世界上不存在完美的交易方法或者交易机制,以前不存在,以后也不会存在。"什么是推动市场前进的力量?"最接近答案的应该就是商业头寸交易者。

　　如果这个领域真的有完美的话,那么就意味着:(1)市场上没有任何随机的资金投入;(2)至今为止已经有人发现了魔力法则并且已经控制了市场。我们看到,市场确实很容易受到一些随机因素的影响,如不断变化的新闻、天气以及交易者的预测看法等,以致最好的交易者和资金选择退出,那么就应该意识到市场并不是100%机械式运行的,它是不断变化的。

　　从一个投入整个职业生涯来研究系统交易方法的人那里听到以上的论述,你是不是会感到很奇怪?可能是这样的,但这并不意味着我的著作或者交易系统以及诸如此类的不起作用。

　　我想指出的是,生活是一个判断的过程,建立在拥有数据和系统的基础上的判断会使你生活得更好。对于交易也是同样的道理。我需要一个系统、一种方法使我能进入和退出交易;我需要完全的止损;并且我还极其需要一些精确的进入准则。

　　最重要的,我必须对何时使用这些原则做出判断。下面我们通过一个现实生活中的例子来说明。

假设你正在路上开车,迎面开来一辆卡车(和你同一个车道),你是要继续留在那个车道,还是转到那个不允许你开入的车道? 规则和法律是很明确的,你不允许驶入那个车道。这个制度告诉你不能转道,但事实是那辆 18 个轮子的车就在你那个车道。你是要遵守规则呢还是依据当时情况加以调整? 生存在于一念之间。

这就是马路上或者市场上的实际规则。生活的第一规则是生存。第二规则是:为了满足第一规则,任何规则都可以被打破。

投机遵循着和生活一样的规则,它们本来就是一样的。成功的交易是一种艺术,在正确时间运用正确的知识(或者说系统)的艺术。也就是说,当需要使用规则或者系统的时候,你要警惕前面开来的 18 轮大卡车。这就是思考的内容。

总而言之,我们需要生活的规则和交易的规则,但是并不需要时刻严格遵守所有的规则。因为规则本身会不适应现实的变化(哪怕是小小的变化)。这就是我们需要思考的内容:观察、记录、注意这些变化,进而研究出能最合理利用规则的方法来。

如果你在交易中不知道该做什么,那你一定要遵循下面的规则,因为它们能让你活下来。如果你很满意现在的市场状况,而且它和你的交易规则相容,那么遵循这个规则;如果你的规则和市场状况不称,那么放弃这个规则;你用不着每天都参加交易。

拥有规则和系统的目的是利用它们最大限度地发挥你的优势,而不是让它们凌驾于你之上。

知道何时坚持,何时放弃

在股票市场和期货市场赚钱的最大秘诀就是学会如何坚持成功的交易策略。

从表面上来看,没有什么比通过交易赚钱更容易的事情了。你会产生这样的幻觉,你只需要抓住价格上涨的机会,然后持有,一直到价格疯涨到九霄云外为止。

杰西·利维摩尔(Jesse Livermore,《股票作手回忆录》主人公。——译者注)曾说过:"从来不是我的想法让我赚到大钱的,而是稳坐不动。坐着不动! 那些看法正确还能稳稳坐着的人太不简单了。"

这听起来像是不错的建议,你可能已经在想自己的情况了吧,说起来容易做起来难,是不是? 而且,尤其是马后炮更容易。后见之明能为我们未来的交易提供一些线索吗?

它能为我们在以后大行情来临时稳坐不动提供一个策略吗？

我希望并且很乐意和大家分享我的想法，谈一谈一条大鱼上钩时我们该做些什么？抓住大交易不放是有策略的，但是，因为以下的原因遵循这个策略却没有那么容易。

1.我们本能地趋向于用小的盈利去弥补最近的损失；

2.我们对利润损失的恐惧要超过我们对策略的坚持。

这就是大多数人不能坚持的原因。在这里，请让我把你们内心深处的想法坦白地讲出来，这种看重快速盈利的作风（通常，像我所说的，去弥补最近的损失）是个人情感所致，没有哪种市场操作逻辑能支持这种做法。市场并不关心你或者你最近的盈亏，大趋势也不认识你，你和趋势之间根本就没有关系，为什么操作的时候非要当这种关系存在呢？

另外，有什么能更好地弥补我们近来的亏损呢——短期的获利还是大的市场趋势？答案显而易见是后者，所以你最好学会怎么去抓住它。

对利润损失的恐惧是非常可怕的。我们不喜欢失去已经到手的东西，所以我们选择小的利润。我们不愿意在来回震荡的市场中一直稳坐不动——我们希望它要跌就直线下降，要涨就一飞冲天。快速的涨跌确实存在，但却不是我们想象的那样，而是在大的下降趋势中出现一定范围的反弹，然后再下跌或者反之。

交易者在来回震荡的市场中受到惊吓，这样可能会错过市场长期的主要趋势。

投资的绝对真理

任何小投资要实现大收益都需要时间。时间，也只有时间才能创造收益，不论你是投资了一棵红杉树、今年的大豆收成，还是我们的孩子、我们的事业，抑或是投资我们的交易头寸，结果都是一样的。一夜暴富毕竟是极少数的（这就是为什么大发横财之后应该快点退出的原因）。短线交易者从来不给作物时间去生长，这也注定他们自己没有收成。

这里有两个问题。第一，你必须提前考虑这样一个想法，即市场的主要发展趋势下会出现大的回撤。你要做好思想和情感准备，并且意识到这就是这个市场的运作方式。

心理准备

多么伟大的一个词,多么伟大的一个概念!这个观点认为,如果你对未来的价格走势有了心理准备,那么在恰当的时刻来临时,你就可以理性地做出正确的反应。这是我听到过的最有效的心理学概念。

每年年初我都会让自己对可能出现的股价下跌、交易失败有个心理准备,告诉自己来年某一天我可能输得很惨。我告诉自己这可能持续一两个月,或者甚至三个月,所以当它真的发生时我就能从容应付了。

谈到坚持交易策略的时候,也是一样。图 12.1~图 12.4 画出了一些大的发展趋势。仔细观察这些图,你会发现在这些主要趋势的行进中,往往伴随着一些反方向的急剧的调整趋势。市场就是这么起舞的,我们要脚踏实地地学习这种舞蹈。

TQ-067: CBT国债(30年期)(日线)
06/03/2006=115ˆ21 (+0ˆ16)

资料来源:吉尼斯金融技术有限公司(www.GenesisFT.com)。

图 12.1　国债走势

能起作用吗?

第二,你要拥有一套策略或者机制,能够使自己安然不动地度过这些调整期,不受恐惧或者贪婪这些情感因素的影响。

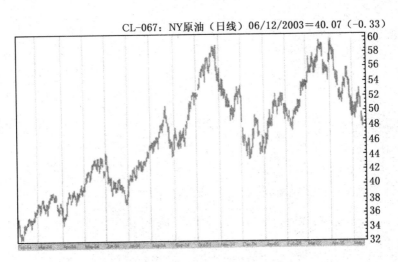

资料来源:吉尼斯金融技术有限公司(www.GenesisFT.com)。

图 12.2　原油价格走势

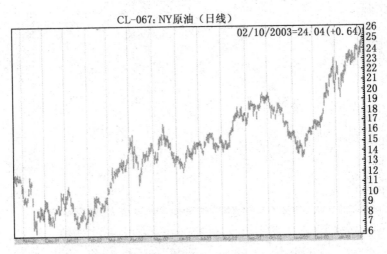

资料来源:吉尼斯金融技术有限公司(www.GenesisFT.com)。

图 12.3　原油价格走势

如果我们能够预先做好心理准备,并且去遵守一种技术,那么真刀真枪的实际交易就变得容易多了。

当且仅当你坚信价格处在一个上升或者下降的主要趋势中时,你才能用过去 17 天

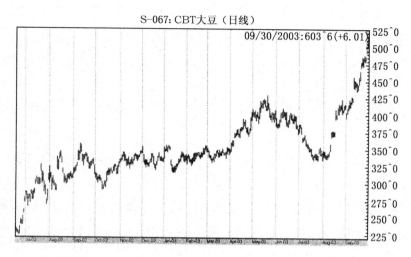

资料来源：吉尼斯金融技术有限公司(www.GenesisFT.com)。

图 12.4　大豆价格走势

的最低价作为你的止损保护价。如果看空，反向操作，用最近 17 天的最高价止损。这里我讲的是交易日，不包括日历中的其他非交易日。这既给你的头寸留有足够的回旋余地，又安排了一个退出交易的自动止损点。

　　一旦由于止损退出了交易，而市场主要趋势还能延续时，你可以在最近 13 天的最高点位重新进入市场。这个简单的法则能让你坚持市场的旅程——有可能也是生活的旅程——直到市场疯涨到最高位，你达到目标退出为止。只因为你已经在市场里待了 10 周或者更长时间了。极少数市场会在超过 15 周的时间内不经过任何调整地只涨不跌或者只跌不涨。

关于坏习惯的忠告

　　事实上，由于坏习惯而导致的损失要多于做错选择或者用错决策机制而导致的损失。下面我说说我的一些坏习惯，希望能对你们有所帮助。

坏习惯比坏建议还差劲

　　不论什么时候让我在坏习惯和坏建议之间选，我都选后者！不好的建议可以摒弃不听,但是习惯不管是好的还是坏的,它都根深蒂固,我们总是会坚持这些习惯。在这个行业里,坚持不好的习惯是非常有害的。

很多年了,我最坏的交易习惯就是过于急切,并且进行过多的交易。我怀疑这和我青年时期的冲动大有关系——想快速行动证明自己,然后赚大钱。然而,那个时候我们确实连理财的概念都没有。采取合理的方式来打理辛辛苦苦挣来的钱,这种观念直到20世纪六七十年代才被提出。

不管时间长短,过度交易的习惯还是比较容易改正的。我没有选择:或者改掉它或者被它毁掉。

如果这也是你的坏习惯,那么请你赶紧改掉吧。这是很危险的。它可能会惩罚你甚至搞垮你。能赚钱的时间多得是,不要急于做交易。但是我们没有时间去损失,损失是过度交易的最终产物。

养成习惯的习惯

习惯是成功的产物,这是问题的关键。如果(那次)你做某件事情成功了,那么你会重复这个行为。如果你做相同的事情好几次都奏效了,那么很快你就会养成一个习惯。问题是,一燕不成夏,偶然几次的成功并不意味着要长期以这样的方式行事。

在这方面,我的坏习惯是长时间固守一种交易策略。我分析过为什么会这样,结果发现,因为好几次操作我都赚了一大笔,然后更加加强了我对这种操作策略的坚持。作为一个长期交易者,这个习惯开始于我好几次在低位或者高位时都坚持一种风格并赚了大钱时。这是我的一个优势,但同时,也是我最大的劣势,尤其是作为一个短线交易者。在某种情况下对我有效的规则不一定在其他情况下也同样奏效。

我想如果那是我的一个弱点,那么大多数交易者也都有同样的弱点,因为我们是如此的相似。

我不坚持持有亏损,我很乐意扔掉它们,并在任何情况下使用止损单。但问题是,一旦我做了一次成功的交易,我会一直坚持这种操作一直到过了那个显然的最高获利点,期待着后面更大的成功。

总而言之,在这个行业中对盈利寄予厚望是很危险的。不要被贪婪和那些厚望习惯性地导致你一直坚持,最终错过显然的最佳获利点或者最佳获利价。

—— 第十三章 ——

瞬时商品交易者

需要很长时间来培养刹那间获利的技能。

"你只需花一分钟时间就能知道你应该在商品市场做什么",这句话听起来像在吹牛。然而,这并非是在吹牛,这是可以做到的。接下来我会分享我本人最喜欢的一些使用交易指标的方法。首先我们从这么一个观点开始——我们希望将价格趋势同商业头寸交易者的买卖行为结合起来,这是一个重要的概念。

如果你仔细观察一张行情历史走势图,你会发现那些商业头寸交易者总有能力在市场趋势反转前进行适当的买卖操作。我们能不能像他们一样具有把握交易时机的能力?答案是肯定的。为了证明我的这个观点,我将在下面的内容中一步一步地进行讲解。首先,我们来看一张债券的走势图,初看起来价格走势似乎没有规律。

图 13.1 是一张周线图,图表的下面部分是 6 个月的交易员持仓报告指数。图中已经用横线标出了该指数每次下降到 20％以下的位置,这意味着市场的一个阶段性高点即将到来。

这一指标有时候是非常有效的,比如 1999 年末和 2003 年中期,然而,有时候这一指标会给出过分超前的指示。有些是有效的,有些不怎么有效,有些是无效的,哪一个是真正需要的呢,这种选择就有一点点"牛仔运气"了。这是这些年来那些热衷于使用交易员持仓报告数据的人得出的结论。已经有一些人试图把无效的指标和有效的指标区分开来。这不是一件容易的事情,不是每个人都能做到的。

投机的智慧来自于观察和思考。这里有一个关于牛仔的故事。在牧场上,如果看到一辆卡车里坐着三个戴牛仔帽的人,你能知道哪个是真正的牛仔吗? 一定是中间那个人。为什么呢? 因为他不需要开车,也不需要下车去开牧场的大门。这是一个简单的问题。但是,如果不了解牛仔,并且爱钻牛角尖的话,这个问题并不容易得到答案。因此,我们要多观察市场,多思考,最终力求用简单的方法找到答案。

有没有可能用一分钟就找到答案? 当然可能! 过一会再来看上面的图表。现在我们来讨论一下市场、市场趋势以及商业头寸交易者。

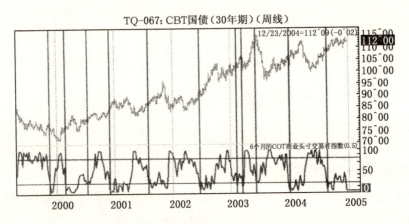

TQ-067：CBT国债（30年期）（周线）

12/23/2004=112^09(-0^02)

6个月的COT商业头寸交易者指数(0.5)

资料来源：吉尼斯金融技术有限公司(www.GenesisFT.com)。

图 13.1 国债走势

紧盯市场,抓住获利机会!

记住,商业头寸交易者总是在市场上不停地进进出出。这一点相当重要。每天,他们都在开采黄金、伐木或喂牛,并且由于经营企业的性质不断地对冲着他们的头寸。这意味着,即使在一个下跌趋势中,他们也会买入以对冲他们的空头仓位;同样,在一个上升趋势中,他们也会卖出。他们经常通过对冲的手法进行交易。

尽管一个精明的投机者不需要每天进行交易,但是,他们在市场中必然有持仓头寸。我们的优势在于,可以站在阴暗处握着我们的钱,在一个适当的时机进行投机交易。

何时市场趋势会向下? 何时市场趋势又会向上?

当商业头寸交易者积极做空时,市场趋势就会向下。理论上说,当市场上存在大量的卖压时,市场是不会立即回头向上的。记住这一点。

再来看这张国债的走势图,在趋势向下的时候就卖出。

那么,我们如何才能知道趋势是向上还是向下呢? 这是一个很好的问题,对我而言,这个问题也不是很容易回答。让我们尽量简单地来看这个问题,假定 52 周的移动平均价格不断上升就认定整体趋势是向上的。反之,趋势就是向下的。当然,可以采用不同的趋势指标进行判断,但是,本质上它们是相同的——主要观察价格水平究竟是在上升还是下降。

再将注意力回到这张债券趋势图上,在图 13.2 中画出了一条 52 周的移动价格平均线。更重要的是,我们观察到,在 2000 年 6 月以前趋势线(52 周移动价格平均线)是向下的,从此以后,整个价格趋势是向上的。然而,当时交易员持仓报告指数却提示已经进入卖出区域,这样,趋势线的运用很好地起到"过滤嘴"的作用——过滤掉错误的指示信号。当然,这会使我们错过在 2003 年 6 月市场下跌行情中获利的机会,但是,这同样使我们避免接受许多错误的卖出信号。

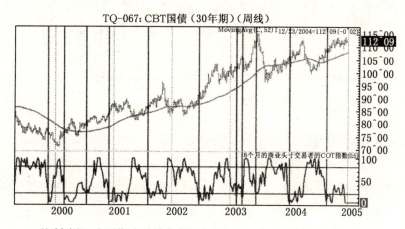

资料来源:吉尼斯金融技术有限公司(www.GenesisFT.com)。

图 13.2　国债走势

站在买方的立场

道理非常简单:在价格趋势向上,并且交易员持仓报告指数给出买入信号时买入。图 13.3 是一张从 1999 年到 2004 年的 5 年半时间里的债券价格走势图,运用 52 周移动价格平均线,可以有效避免 2000 年 6 月以前交易员持仓报告指数所发出的错误信号,并且在趋势反转向上后买入。

在图中我们能看到什么呢? 交易员持仓报告指数不断发出买入信号,并且大部分的信号都是及时的,并不会提前几周或几月发出。每次按照买入信号操作,风险的确很小,但通常机会稍纵即逝,不好把握,我们必须从众多的买入信号中进行鉴别。

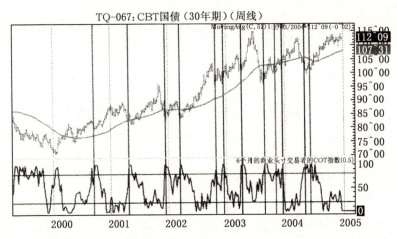

资料来源:吉尼斯金融技术有限公司(www.GenesisFT.com)。

图 13.3　国债走势

经过多年的观察,我发现了这样一个道理:把握总体价格趋势才是获利的根本。

几个世纪前,一位智者也曾经说过类似的话,只是表达方式不同而已。他说:一个物体总会倾向于保持现有的运动状态。我对上述充满智慧的语言的理解是,如果我们要想在市场中获利,就必须看准价格的变化趋势。当趋势发生波动时,大多数情况下价格仍会沿着原有的趋势运行,通常很难反转,更别说趋势会立即发生反转。我不希望把我的这一观点强加给你,也不期望只通过一两张价格走势图来证明我观点的准确性。我想呈现给大家更多的证据,来证明价格趋势线的有效性。

我们做一个简单的测试,仅基于两种指标进行买入交易:(1)本周的 52 周移动价格高于 2 周以前;(2)6 个月的交易员持仓报告指数大于 80%。得到的结果如表 13.1 所示。

表 13.1　　　　　　　　交易结果——在上升趋势中买入

期货品种	获利总额(美元)	交易次数	获利交易次数占比(%)
英镑	51 311	21	71
债券	51 736	26	69
瑞士法郎	19 093	16	56
标准普尔 500 指数	82 683	24	54
黄金	13 285	13	69

对我而言,尽管很少仅通过这两个指标进行交易,但是,它的确显示了这两个指标是进行交易的基础。当商业头寸交易者对行情看涨时,最好的交易机会就出现了。

下面让我们用一些具体的例子来强化这种交易方法。看橙汁这一商品,这是我能想到的最差的一个例子,大部分采用交易员持仓报告指标进行交易的投资者都认为这个市场并不会对商业头寸交易者的进出做出反应。

如图 13.4 所示,在 2000～2004 年这段时间内,通过趋势线方法,我们可以得到 7 次获利机会,虽然我们不会抓住每次机会进行交易,但是这一方法的确提示了很好的交易时机。

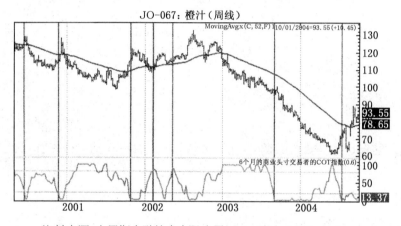

资料来源:吉尼斯金融技术有限公司(www.GenesisFT.com)。

图 13.4　橙汁价格走势

再举一个例子,看近年来小麦的价格走势,如图 13.5 所示,它几乎没有对交易员持仓报告指数的变动做出任何反应。

从 1998～2002 年,小麦价格整个在一个下降通道中运行,所有的买方力量都只是暂时的,并且没有对价格趋势产生多大的影响。每次商业头寸交易者大量卖出时,卖压会立即积聚,价格也会立即创出新低。这是毫无疑问的。我们正处在弱市之中——一段长时间的熊市。交易者会问这样一个问题:"什么时候可以进行交易?"现在,我们可以清楚地看到,也必然想到了。在一个下跌趋势中,当商业头寸交易者大量做空时,价格通常会创出新低。这时投资者做空是明智的。

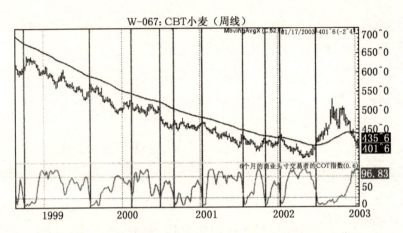

资料来源:吉尼斯金融技术有限公司(www.GenesisFT.com)。

图 13.5　小麦价格走势

多种操作策略

通过上述价格趋势线和交易员持仓报告指标的信息,投资者有多种操作方法。可以抓住每次买入机会进行频繁操作,对于那些追求获得高回报,或者初始资金量很小的投资者,可以考虑在上升趋势中,按照交易员持仓报告指示的买入时机买入;在下跌趋势中,按照交易员持仓报告指示的卖出时机卖出,这是我所见过的最好的交易方法。在这里,我们综合了两股力量,价格趋势的力量和知情的商业头寸交易者的力量。

瞬间的奇迹

打开一张走势图,只需花一分钟的时间看看有没有存在交易的机会。通常情况下是不存在这样的机会的,然后立即转向下一张走势图。如何做到这样? 只需在图上画出移动价格平均线以及交易员持仓报告指数线。在每个周末,查看一下那些活跃品种的走势图,去发现黄金般的获利机会。

说到黄金,我们把注意力放到黄金的走势图上来,如图 13.6 所示,图中已经画出了移动价格平均线和交易员持仓报告指数线。牢记你所要获取的信息:在下降趋势中,若交易员持仓报告指数显示卖出信号,我们应该卖出;在上升趋势中,若交易员持仓报告指数显示买入信号,我们应该买入。

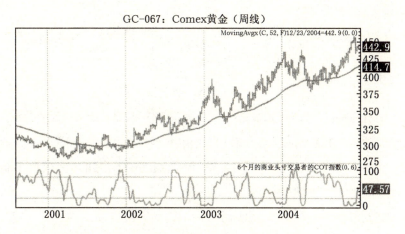

GC-067：Comex黄金（周线）

资料来源:吉尼斯金融技术有限公司(www.GenesisFT.com)。

图 13.6　黄金价格走势

用一分钟,仅仅用一分钟,看看你是否已经能把握买入和卖出的时机。

这并不困难吧! 有人会问,这样做我们会错过一些做空获利的机会? 对! 我们无法获得某些利益。但是,我们可以避免更多错误的交易,这些交易会让我们遭受损失。作为投机客,我们经常处在一种两难的境地中。一方面,我们希望赚取的钱越多越好;另一方面,我们不希望损失一分钱。这好比一个人希望他的一只脚往前走,而另一只脚往后走。这一目标很难实现。我认为,避免损失比追求获利更明智。亏损会让你筋疲力尽,思绪无法集中,以及其他不利的事情都会在你身上发生。

你需要了解黄金!

毫无疑问,相对于其他商品,人们更加关注黄金的价格。当然,这是有原因的。自从人类有史以来,人们就喜欢这种古老的贵金属。它不但代表着财富,并且对世界各国的货币体系、利率水平以及金融市场一直保持着重要影响。

许许多多的因素共同影响着黄金的价格,在这里,我仅列举几个最重要的因素:

1. 与美元的关系。

2. 季节性产出。

3. 黄金套期保值者。

4. 股票市场繁荣和萧条。

黄金与美元

我们首先考察黄金与美元指数之间的关系,具体点讲,是黄金与美元的关系。我们经常会看到这样一个现象,在美元开始下跌之前,黄金价格已经大幅上扬。如果简单观察两者的走势图,很难发现两者之间的关系。但是,通过观察两者的价差关系,我们可以找到两者价格走势之间的联系。

我们还是考察周线图。首先,编制两个平均数,一个是价差的 3 周移动平均数,另一个是价差的 21 周移动平均数。

为了考察价差水平是扩大还是缩小,将 21 周平均数减去 3 周平均数,再将所得值除以 100,这样就得到一个统一的比率,在每个时间点上,这一比率都会在一个范围内波动。

我们可以观察到,当这一比率超过一个正常的范围——该比率超过 30％,黄金的价格在短期内就会下跌。换言之,相对于美元,黄金处于超买状态,在这个时点,大量的投资者将会利用这种不均衡,抛售黄金。

图 13.7 显示了过去 15 年中,这种价差关系对黄金价格的巨大影响。从图中可以看出,每次指数超过 30％时,黄金价格将面临下跌。

基本观点之一:在美元与黄金价格之间存在一定的关系。

图 13.8 是一张放大了的价格走势图,时间跨度是 20 世纪 80 年代后期至 90 年代初期,你可以更容易感受到这种关系的重要性。这一指数可以每周进行跟踪,也可以通过吉尼斯金融数据服务公司(Genesis Financial Data Service)的软件进行实时跟踪。

请注意,这不是一个用于日内交易、追踪短线波动的指标,而是用于 6 个月或更长时间内的交易。这一指标用来评估黄金相对于美元是否被高估。从图中也可以看到,在这一指数处于很低水平时,黄金价格大多会上涨,因为这意味着此时人们更愿意持有黄金而不是美元。

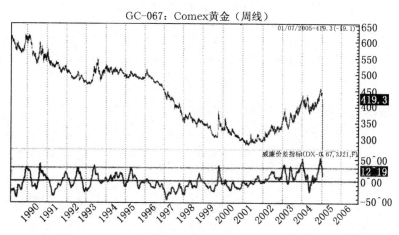

资料来源:吉尼斯金融技术有限公司(www.GenesisFT.com)。

图 13.7 黄金价格走势

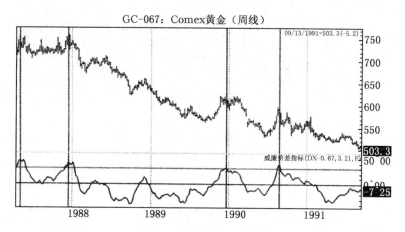

资料来源:吉尼斯金融技术有限公司(www.GenesisFT.com)。

图 13.8 黄金价格走势

黄金有季节性吗?

农产品(如玉米、小麦、可可豆和咖啡)因为受季节因素的影响而存在着种植和收获的周期,畜牧品(如牛)则存在着饲养的周期。在金属市场中,同样存在着这样的周期。

市场价格经常但不是一直在每年的固定时间上涨和下跌。

　　这并不是一个新的观点。我在 1973 年写了一本关于识别商品季节周期的书,名为《季节因素如何影响商品价格》(*How Seasonal Factors Influence Commodity Prices*)。在这本书中,我指出黄金受季节因素的影响,从 6 月份开始上涨,并在 12 月份达到顶点。图 13.9 是关于黄金长期价格的月数据图。请记住,我是在 30 年前指出这个季节周期的。

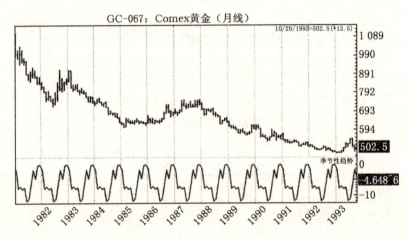

资料来源:吉尼斯金融技术有限公司(www.GenesisFT.com)。

图 13.9　黄金价格走势

　　就像我在 1973 年指出的季节周期一样,黄金的价格经常(但不总是)从年中开始上涨并在年末开始下降。

　　图 13.10 是 1993～2005 年间关于黄金交易的图表。从中,我们可以看到相同的季节周期,即黄金通常在夏天达到一个底部价格并开始上涨,在年末达到顶点。

　　这是一个重要的信息。事实上,所有相当大的下跌都发生在年初,年初并不是一个看涨的好时机。在年初,他们做出悲观的预测,并看涨黄金,但这不是将要发生的。这是一些黄金迷在编傻瓜剧愚弄大众呢。

　　自然,不可能每一年都一样的。有些年份,黄金并没有表现出季节性的特征。在预测领域不存在完美。但是,现在你已经知道了一年中看涨和看跌的最佳时机。

　　基本观点之二:存在着"播种"和"收割"黄金的固定时间,因为它存在着很强的季节性。

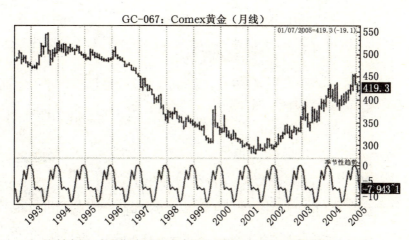

资料来源：吉尼斯金融技术有限公司(www.GenesisFT.com)。

图 13.10 黄金价格走势

注意商业头寸交易者

在黄金市场我们也可以看到商业头寸交易者。我在这里讨论的商业头寸交易者是被美国政府称为投资者/交易者的群体。他们是商品的消费者和生产者,他们的交易量和影响力是如此之大,以至于根据联邦法律,他们必须每周向商品期货交易委员会公布其买卖记录。

他们是世界上最大、最透明,也是最深藏不露的交易者。他们是金融巨头,我们应该像鹰一样追逐他们。我从 1970 年就开始注意这类交易者,如果不先看一下他们的持有头寸情况,我是不会持有任何头寸的。现在,我首先承认,根据他们的交易记录来决定我们该怎么做,是存在问题的。反过来说,我还没找到在确定市场的顶部和底部时比它们更有用的工具。

现在,你利用我的规则来观察一下图 13.11 下方的商业头寸交易者的买卖情况。

就像你看到的,这张图表示的是 1984～1990 年的黄金交易。在许多情况下,当指数处于高位时——意味着商业头寸交易者是大买主——黄金价格就上升;反之,则下跌。就这样简单吗？是的。当然,这是有细微差别的,但是大部分时候,商业头寸交易者都在做正确的事情。他们是期货价格完美的先行指标。

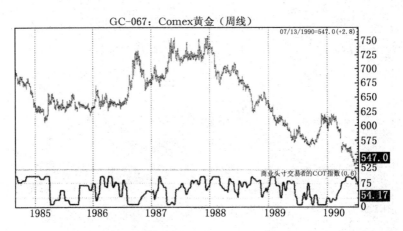

图 13.11　黄金价格走势

资料来源:吉尼斯金融技术有限公司(www.GenesisFT.com)。

让我们看一下 2002～2005 年的情况,同样观察指数和黄金的价格,我们看到了相同的情况。当指数处于高位的时候,黄金价格上升,当处于低位时,黄金价格下降。

基本观点之三:黄金期货价格主要受商业头寸交易者的影响。

2＋2＝4 或怎样交易黄金

看一下 2004 年末黄金的价格发生了什么变化(见图 13.12),这时商业头寸交易者已经变成大卖家,然后……然后……是否敲响了警钟? 我说的是"2004 年末",这难道不是因为季节因素而下跌的时机吗?"我几乎忘了,确实是这样。"

经济衰退和股票市场的崩盘

"一旦等到市场的崩盘和经济的衰退,黄金就会暴涨,市场里的那些傻瓜就会为此付出代价。"听到这样的或类似于这样的观点,我很生气。这样的人才是傻瓜。他们从来没有研究过历史。黄金并没有在 1929 年、1970 年的下跌和 1987 年最大的一个下跌月份中产生一个大牛市。当股票市场在 2000 年达到顶点,并且下跌 75％的时候,黄金价格大幅上涨了吗?

没有,黄金价格几乎没有上涨。

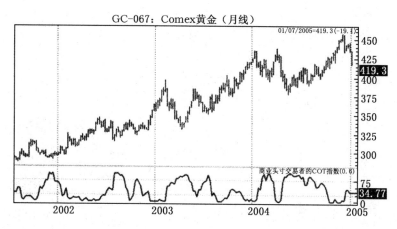

资料来源:吉尼斯金融技术有限公司(www.GenesisFT.com)。

图 13.12　黄金价格走势

我说的已经足够了。股票市场的崩盘和下跌并没有推高黄金的价格。图 13.13 的上面是黄金的价格,下面是道－琼斯 30 指数。也许你能看到我看不到的东西。但是,在我的有生之年,我没有发现股票市场下跌,而黄金价格上涨的情况。你可以自己再研究研究。

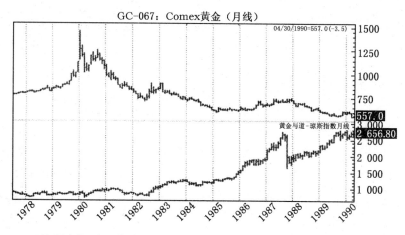

资料来源:吉尼斯金融技术有限公司(www.GenesisFT.com)。

图 13.13　黄金价格走势

让我们追溯到 1990 年,并且观察在 2000 年的崩盘中发生的事情——众所周知,经济进入衰退周期,欧洲的失业率达到 9%(见图 13.14)。

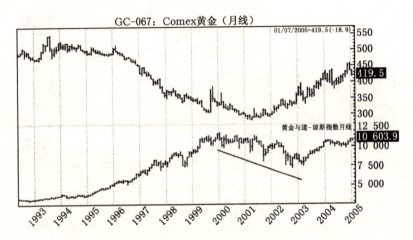

资料来源:吉尼斯金融技术有限公司(www.GenesisFT.com)。

图 13.14　黄金价格走势

当股票价格直线下跌的时候,黄金的价格也在下跌。大致在 2002 年初到 2002 年中期的时候,黄金价格开始上涨。同时,股票价格也在上涨! 当股票价格在 2003 年初到达底部的时候,猜猜发生了什么? 黄金价格也到达了底部,并与股票价格同步上升。

对应的观点:黄金价格不会随着股票市场和经济的衰退而上升。

我猜你很想问这个问题:"聪明人,你并没有提到什么时候黄金的价格会受市场因素的影响而上涨。"

我的答案是:当通货膨胀率上升的时候,黄金的价格就会上升。1979~1980 年,黄金市场迎来了一个大牛市,此时,也许是自富兰克林·德拉诺·罗斯福(Franklin Delano Roosevelt)总统以来最差的总统吉米·卡特(Jimmy Carter)执政。通货膨胀率和利率猛增。黄金市场因为流动性过剩和对购买力下降的恐惧而上涨。当没有资金继续流入的时候,价格就会暴跌。

一旦你学会如何避免损失,你所要考虑的就是怎么去赢了!

避免损失的最好方法就是与明显的趋势保持一致。趋势持续时间往往比我们想象的要长,所以只要趋势是单边的,我们就做单边的。交易者是有趣的一些人。我们好像很喜欢争论,甚至我们会和趋势进行争论! 因为,人类的天性是想在看起来是底部的地方购买,所以我们会一直在熊市下跌的过程中进行购买,企图买得便宜而无视趋势的存在。这就是我们大脑的工作方式。当商业头寸交易者持有的头寸与出现的趋势保持一致时,我们必须让我们的思想接受这个趋势,从而利用这个趋势,顺势而为。

我们所要做的就是找到市场的趋势,然后顺势而为。就是这么简单。但是许多人,当然不包括你,总是在寻找底部,而不是对事实做出反应。我们企图去创造我们所想象的那个世界。就像顺着水游泳是最轻松的一样,顺应趋势可以让我们事半功倍。

关于无休无止斗争的一些想法

写这本书让我享受到了一些乐趣。这份工作强迫我重新思考一些长期持有的观点,并且凝练和提升它们。这本书是写给你的,也是写给我的。最后我想告诉你的是:进入这些市场并不容易,它们充满了风险……同样也充满了回报。

多年的交易经历让我学会了这一课:这个市场既简单又复杂。从短期来看,很复杂,但从长期来看,却很简单。我假设你是一个初学者,找到这样的市场并不复杂,在这样的市场中,商业头寸交易者持有大量合约,并且长期趋势是上涨的。希望你同时能够发现一些季节性的上涨和公众已经开始卖出或正在由买入转向卖出的市场。

这是非常基本的。这就是你所需要的基础。你并不需要知道更多,就这么简单。

接下来需要做的就是找到一个进入的时机。

我已经告诉你一些了。你可能从其他人那里学了一些,或者有你自己的一些观点。坦白说,我并不非常确信我说的比你或其他人的更好。毕竟,我们应该在底线进入,并且顺应趋势。当然,一些指标比其他的好,但是所有的指标都有可能失败,这就是我为什么要你利用止损,也是我为什么劝你不要一次投入过多和过度交易的原因。

我们的任务就是找到一个趋势,并且利用止损来保护我们,然后顺势而为。这就是我的游戏规则,这个规则在过去 43 年的市场交易中,我一直在用。

如果你想知道更多关于我的著作的内容,可以免费访问我的网站:www.ireallytrade.

com。大约每星期我都会做一个关于交易工具和策略的小型研讨会。幸亏有了互联网，我可以利用图表向你展示各种各样的指标，而且，你可以听到我对课程内容的解释以及对目前市场的看法。

第十四章

图 表

——是什么就意味着什么

像真理总是稀缺一样,供给总是大于需求。

——乔希·比林斯(Josh Billings)

我怀疑我的读者对各种图表非常熟悉。但是,我假设许多人不熟悉,所以对于你来说,下面是应该了解的,在研究市场时会用到的基本图表。

最重要的是时机

成为一个成功的交易者的技巧全在于时机,知道什么时候采取行动,什么时候交易可以成功。第一个教训是:趋势是获得利润的基础。

这是你读到的关于证券市场的论述中最真实的一句话。这个论述的第二部分是:趋势是时间的函数。

这时,我的意思是一个趋势越大,需要经历的时间越长。在 12 个月里出现一个较大的,并且可以获利的趋势的机会比 12 天、12 小时、12 分或者 12 秒都大。在证券交易中,时间是我们的朋友,我们通常需要很多,不是很少,因为它是所有趋势的基础。

现在,另外需要知道的是时间对每一个人是不同的。有人喜欢日内交易,而有些人喜欢持有一年或更长时间。你需要知道多长时间对你最适合。

对于大多数初学者来说,我认为如果能够识别出一个这样的趋势,持有时间以 1~3 周为好。下面是我用到的时间定义:

1. 长期——1 年及以上。

2. 中期——3~11 月。

3. 短期——2~6 天。

4. 日内交易——当天进当天出,以小时为单位。

图表的正面和反面

市场追随者需要一些东西来参考,所以我们要用各种各样的方法来考察价格波动。一般我们可以观察图表,如果你愿意也可以是记录或图片,来看价格运动看起来像什么。图表分析者从图上可以看出很多东西。我们可以观察趋势随时间间隔的不同怎样变化,也可以利用前面确定的支撑线和压力线来更好地投机。不能想象有人可以不看价格的变化来买卖股票。可能我是一个感性的人,但我想大多数人是和我一样的。

人们发明了很多方法来观察价格的变动。我将在本章展示几种主要的方法,并且加上我认为合适的评论。我基本的看法是:图表观察者被称为技术员或技术分析者的原因是他们仅仅依靠像鸡刨过一样凌乱的价格波动来预测市场,而不是根据市场的基本面来预测市场。我和技术人士的看法不太一样。当然,我认为技术分析应该有一席之地,它们可以反映许多东西,但它们反映的都是已经过去的东西,而且,不管你怎么想,过去很难预测未来。我看图表的目的有以下几个:

1. 确定趋势。

2. 寻找感性的东西。

3. 找出我认为可以确定是一波行情启动点的模式。

4. 找到可以进入的突破点和需要止损的崩溃点。

我不认为图表可以知道一切、显示一切,我也不认为存在一种比市场本身更好的描述市场行为的方法。图表被过度使用了。为什么这样说呢,因为它们违背了逻辑过程。看一下图表,然后就认为知道,或者学会了一些东西是不可能的,真正的知识来自于对引起市场波动因素的深入研究,正像我在这里反复强调的一样。还有一些其他的因素在影响着市场的波动,尤其是股票市场。想了解其他的可以参考我的书《正确的时间买正确的股票》(*The Right Stock at the Right Time*, Wiley, 2003)。有了这个观念后,下面开始介绍考察价格运动的各种方法。

开盘价、最高价、最低价和收盘价图

图 14.1 是一个世界上最常用的图表的例子,即开盘价、最高价、最低价和收盘价图。

市场跟随者和图表分析家记录每天的开盘价(竖线左面的横线)、最高价、最低价,当收盘的时候把收盘价标在竖线的右边,时间间隔可以是天、周或者是其他。我用的就是这种图表。我喜欢用这种图的部分原因可能是这些图表可以帮助我投机,并且这些图表比你看的所有图表的应用时间更长。

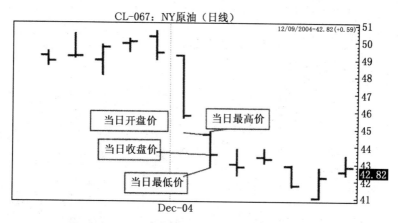

资料来源:吉尼斯金融技术有限公司(www.GenesisFT.com)。

图 14.1 原油开盘价、最高价、最低价和收盘价

图表最重要的作用是帮助你看清楚市场正在发生着什么,通过看图表也许在一些方面能够感觉到其他交易者正在做什么,以此来判断价格趋势将会怎样演变。我认为这种图在这方面表现得很好。不可否认,下面将要介绍到的正越来越流行的 K 线图能够提供同样的信息。这些 K 线图可以让一个人第一眼就可以看到价格的情况。除了一些热门的争论和数据的表达方式,我还没有证明这些。除非能够证明这些是正确的,否则我不会用它来指导交易。

K 线图

K 线图据说几百年前起源于日本,随后变成一种描述市场的很流行的方法。我也许会尝试使用这种图,但不可能完全同意这种技术的推销者所发表的言论。下面介绍怎样使用这种图。据说 K 线图可以反映隐藏在短期交易行为下面的心理现象。K 线图可以反映是买方还是卖方控制了市场。在 K 线图中,最高和最低价被绘成影线。

开盘价和收盘价中间的距离绘成矩形。如果开盘价低于收盘价,矩形的颜色是白的。如果收盘价低于开盘价,矩形的颜色是黑的。所以,收盘价高是白色的条,收盘价低是黑色的条。这种图形的使用者发明了许多理论,但是,这些理论并没有获得计算机研究的支持,我怀疑他们是一种艺术形式。

图 14.2 是一个显示这种技术的典型图表。

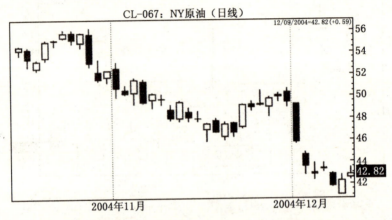

图 14.2　原油 K 线

资料来源:吉尼斯金融技术有限公司(www.GenesisFT.com)。

点　火

来自匹兹堡大学数学系的冈德兹·卡吉纳普(Gunduz Caginalp)和亨利·劳伦特(Henry Laurent)发表的论文"形态的预测力"(The Predictive Power of Patterns)证明这种图是有用的。这使 K 线图的使用者很兴奋。

这份抽象的报告得出一个大胆的结论:利用这些形态在持有两天后可以获得 1% 的利润。那是一个可观的收益,值得我打开电脑研究是否用这些图形每两天获得 1% 的利润。下面是那个摘要的内容:

用两套数据,包括 1992~1996 年标准普尔 500 的所有成分股的每日价格(开盘价、收盘价、最高价和最低价)对 K 线图的预测能力做了统计检验。样本外检验显示在 36 倍标准差的水平下与原假设有显著差异,说明持有两天可以获得 1% 的收益。检验方法用的是一个真正的非参数检验,图形是 3 日 K 线图的标准定义,并且通过大量样本去掉了特殊情形的影响。结果证明交易者会受到价格行为的影响。据我所知,这是第一次在没有限制的范围内对交易规则或模式给出的科学证明。

当我介绍这个研究结果的时候,我不能找到和这些数据相近的,只能用标准普尔500指数的期货数据,我喜欢用这种数据有许多原因,这是我和他们唯一不一样的地方。但是我认为标准普尔500指数比单个股票更适合用来检验。我不是最聪明的人,但是我第一次的交易使我确信先前的许多检验结果:K线图不是一个可以轻松用来作为机械交易系统的工具。

一个交易者给我发来了电子邮件,在提到我对这份报告的评论时说道:"虽然我没有试图复制那篇论文里的程序,但是我自己设计出了几个K线图,它们可以用来确定进入和退出的时机,一般来说,它们甚至在期货合约上也是可以接受的,不管是标准普尔500还是其他。"

我在介绍K线图的书中挑选了几个最好的买入图形进行试验,没有发现一个图形像介绍的那样有用。这就是为什么我认为K线图也许在让交易者看清正在发生什么方面有帮助,到目前为止,我还没有用它们赚过钱。这个观点从我十多年前给《期货》(*Futures*)杂志写关于图表形态的文章时起一直没有变过,K线图经不起时间的考验。

收盘线图

下一个图只展示股票或商品的收盘价。开盘价、最高价和最低价不会被用到。这种图只记录每天的收盘价,以此来确定趋势。这是一种简单的跟踪市场的方法,但是这种图遗漏了许多信息。在波动不大的市场中这样展示数据有很大优势。这种图的缺点是可能今天收盘60,而明天收盘成85了。因为在85收盘前,我们不能采取任何行动,错过了一天内25点的波动,这对我来说太多了。

图14.3是一个这样的图表。

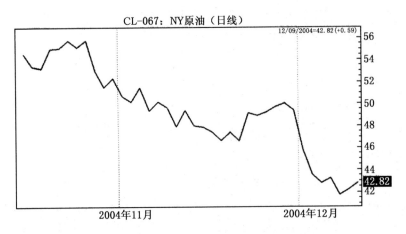

资料来源:吉尼斯金融技术有限公司(www.GenesisFT.com)。

图 14.3 原油收盘价

市场轮廓图

市场轮廓在商品期货中是芝加哥期货交易所(1984)的商标,指一种特殊的数据结构,这种结构来源于芝加哥期货交易所的流动数据库(LDB)。市场轮廓图用价格—时间形式来表示到期结算价。市场轮廓图是一种根据给定时间内的价量关系,对市场中特定时间与特定价位上的成交量给出对应的市场价值。第一次出现在 1985 年,于 1991 年进行了改进,芝加哥期货交易所市场轮廓手册中的"市场轮廓"随着时间的推移变成一种描述芝加哥期货交易所市场外面各种各样拍卖市场分析的一般名称。彼得·史泰米亚(Peter Steidlmayer)是这项技术的发明者。

市场轮廓图使用者画的图,我看起来很好笑,他们每隔 30 分钟把市场交易行为记录在水平方向上,如图 14.4 所示。

以时间为横轴,价格为纵轴的轮廓图完全是动态的,证券交易中价格和时间关系被表示成水平排列的柱状图。每半个小时用一个字母表示,如果一个价格在指定的半小时内成交,就在这个价格旁边标上一个相应的字母。第一个半小时(或其中的一部分)的交易用字母 A 表示,第二个半小时用字母 B 表示,依此类推。一天的开盘价用 O 表示。随

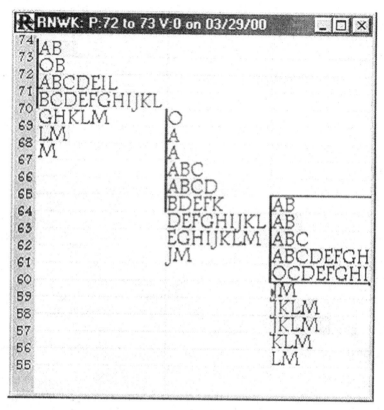

资料来源:吉尼斯金融技术有限公司(www.GenesisFT.com)。

图 14.4　水平条图(市场轮廓图)

着价格的上下波动,每一个字母在每个价格水平上只出现一次。

　　我有几个朋友很喜欢这些图表,而另几个却很痛恨它们,就像我们痛恨所有图表一样。市场轮廓理论的提倡者认为这种图可以让他们找到市场的支撑位和压力位。因而,这种图最有用的地方就是在短线寻找止损和进入位置。1986 年我花了大概几个月的时间手工制作这种图,但是没有赚到钱。

点数图

这种图曾经在商品和股票分析中非常流行,现在用这种图的人比以前少多了。它不考虑时间,正像它的名字一样,并且它不去关注小于一定数量的价格波动。我认为这种图叫点数图的原因是当你交易失败后在图上标出来,试图找出你在哪里做错了,有点像竖起来的市场轮廓图。

如图 14.5 所示,点数图的横轴表示时间,纵轴表示价格,但是时间间隔是不规则的,因为只有价格发生显著变化时才在图上标示。要画点数图首先要确定多大的价格变动是显著的。当价格上升超过限度,就在图上标个 X,只要价格在同样的方向运动,就继续在垂直方向标 X。当价格改变方向向下运动,在另一行上标上 O。

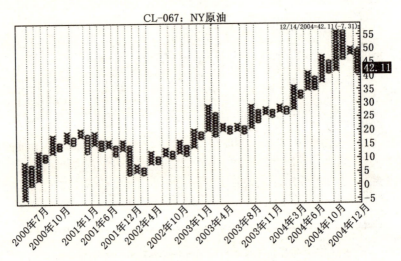

资料来源:吉尼斯金融技术有限公司(www.GenesisFT.com)。

图 14.5　原油点数图

1968 年我和一个医学博士做生意,他告诉我他喜欢用点数图,因为这样他可以很容易地一天跟踪 200 只股票。我从未见过有那样分析股票的。我总是跟踪尽量少的股票,这样我能够集中精力做我的事情。我发现这种图几乎没什么用处,无论如何我都不会尊重它的。过于绝对? 是的,它会使我陷入困境。但是,坦率地说,我不会同时对那么多种股票做图表和技术分析。

你们知道为什么的,是商业头寸交易者影响市场,而不是一些特别的图表。图表告诉我们市场曾经是什么样的,而交易员持仓报告数据告诉我们市场最有可能向哪里发展,而这是我最感兴趣的。

点数图通过忽略较小的价格波动,使趋势更明显。你在这种图上看到的是价格明显向上或向下的清晰的形态。

卡吉图

这种图表和点数图一样不考虑时间,不同的只是不使用符号。首先,你需要确定一个反转量,比如3%,这个反转量叫作"基础价格"。如果第二天的收盘价高于第一天的收盘价(基础价格),从第一天的收盘价到第二天的收盘价画一条垂直向上的粗线(见图14.6)。

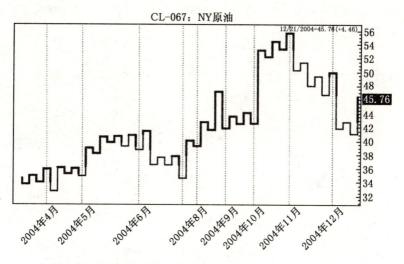

资料来源:吉尼斯金融技术有限公司(www.GenesisFT.com)。

图 14.6　原油卡吉图

如果第二天的收盘价低于第一天的收盘价,从第一天的收盘价到第二天的收盘价向下画一条垂直的细线。如果第二天的收盘价等于第一天的收盘价,什么也不画。再把第三天的收盘价与基础价格相比较。如果接下来几天的收盘价继续上升(或下降),在图上按照原来的方向向上(或向下)延伸,而不管每天收盘价的变动是大还是小。

如果收盘价在相反的方向变动的量小于先前确定的反转量,忽略这个小的移动,在图表上不做标示。如果卡吉线一直向上运动,某天收盘价下降的量大于先前确定的反转量,那么,在图上画一个短的横线,叫做"弯曲线",接着从横线到这个较低的收盘价之间画一条竖线。

如果卡吉线一直向下运动,某天的收盘价上升的量大于先前确定的反转量,画一条弯曲线,把横线和较高的收盘价连接起来。

砖形图

这种图的名称起源于日文中的砖头"renga",像点数图和卡吉图一样,不考虑时间因素。在砖形图中,只有在价格变动超过最小量的时候才在前面的方向上画一个线条(或"砖头")。砖头的长度通常相等。例如,在一个 5 为单位的砖形图中,一个 20 点的反弹用 4 个以 5 为单位的砖形图砖头表示(见图 14.7)。

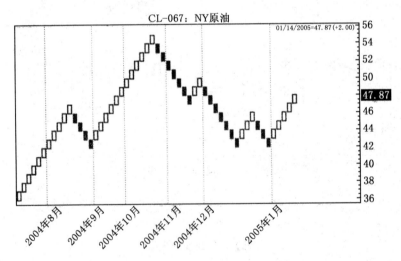

资料来源:吉尼斯金融技术有限公司(www.GenesisFT.com)。

图 14.7 原油砖形图

基本趋势的反转用新的白色砖头或黑色砖头表示。一个新的白砖表示一个新的上升趋势的开始,一个黑砖表示一个新的下降趋势的开始。因为砖形图是一种趋势跟随技术,许多时候当砖形图出现锯齿状的形态时,意味着一个短期趋势接近结束。但是,趋势跟随技术的作用是使你能识别大的上升或下降趋势。

因为砖形图通过过滤小的价格变动来显示主要的价格趋势,所以砖形图被认为有助于识别支撑位和压力位。

更多的图表:移动平均线

移动平均线是一种最古老、最流行的技术分析工具。自从有投机以来人们就一直使用移动平均线。

移动平均是给定的时期内股票或商品价格的平均数,当计算移动平均价的时候首先需要指定计算平均价的时间间隔(例如 18 天)。

一个简单的移动平均是把最近的 n 个价格加起来,然后除以 n 得到的数值。例如,把最近 18 天的金价相加,然后除以 18,结果就是这 18 天的平均价。在图中的每个时间点都是这样计算出来的。

需要注意的是,只有有了 n 个时间的价格数据后才能计算移动平均价。例如,只有在第 19 天,图中才能有 18 天的移动平均价。图 14.8 是一个金价收盘价的简单的 18 天移动平均线图。

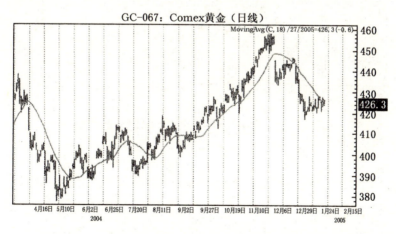

资料来源:吉尼斯金融技术有限公司(www.GenesisFT.com)。

图 14.8 带简单移动平均线的金价

因为在这个图中,移动平均价是过去 18 天的平均价格,它代表了在那个时间内投资者预期的趋势。如果价格高于移动平均价,意味着投资者当前的预期(也就是当前价格)高于他们在过去 18 天内的平均预期。投资者对未来正变得越来越乐观。相反,如果当天的价格低于移动平均价,这表示当前预期低于过去 18 天的平均预期。

移动平均线的一个经典解释是用来观察价格变化。当价格上升到移动平均价以上,投资者应该买进,当价格跌到移动平均价以下,投资者应该卖出。

这是一种好方法吗? 不,它不是。这是我通过检验各种移动平均线和各种版本的有效交叉后得出的结论。没有一种可以持续获得收益。这并不意味着它们不能用来作为一种工具。当价格穿越移动平均线一定幅度后是一个买入的例子,实际上是这种商品正被大量买入。如图 14.9 所示,移动平均线上的交叉可以说明许多问题,但是,就本身而言,移动平均线可能使你获利也可能使你遭受损失。

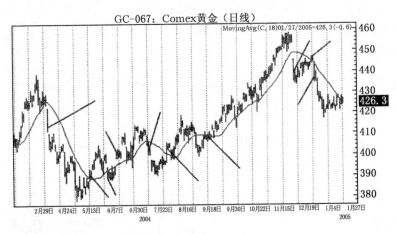

资料来源:吉尼斯金融技术有限公司(www.GenesisFT.com)。

图 14.9　带交叉的金价

移动平均线俱乐部曾经试验过许多方法来使它有用,例如使用 2 条、3 条或者 4 条移动平均线。我曾经见过一个人的图上有 30 条不同的移动平均线。一个东西不起作用不可能通过使用更多的这种东西来使它起作用。其他一些人会挑选一些曾经很有用的图让你看,但是这些图不可能在以后的时间里同样起作用,我同样能那样做。图 14.10 是另一个金价的 18 天移动平均线图,只是时期不同。当你知道是我特意选出来的之前,你一定以为这是一种肯定能赚大钱的方法。大多数作者、系统交易者和演讲家都喜欢这样做。

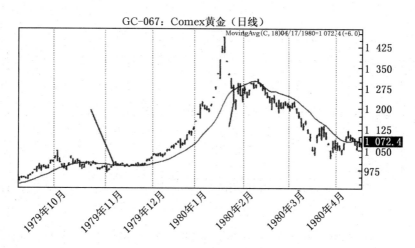

资料来源：吉尼斯金融技术有限公司(www.GenesisFT.com)。

图 14.10　专门挑选出来的金价

　　我确实喜欢并且愿意用移动平均线来帮助我识别趋势,这样我可以与市场的主要趋势保持一致。像金价图中显示的那样,作为一个短线交易者,当移动平均线趋势向上的时候我会选择做多头,当趋势向下的时候我会选择做空头。如果我看到趋势向上并且这种东西正被买入的时候,这是一个理想的建仓机会。当只有这种图的时候我不会使用它的,只有结合其他工具它才是有用的工具。

别逆市而为

　　我喜欢和趋势保持一致,逆流而上是很困难的。你曾经试过吗? 我仍然记得第一次在家乡蒙大拿州比林斯的"大沟"里游泳的事情,那天月色很明亮,我试图逆流而上返回我放衣服的地方,那是一个很隐蔽的地方,我们称为普利茅斯礁石。天啊,那几乎是不可能的事。河里的水流得并不快,但我只能游大概 20 英尺。虽然我是一个职业游泳者,我不得不使出所有的力气。现在回想起来,那可能是我的投机生涯中得到的第一个教训,一个我不能经常遵守并常常为自己的冲动付出代价的教训。

　　另一个看这个问题的角度是上山和下山的区别,甚至一个微小的 2％的坡度的增加将使马拉松成绩下降很多。在移动平均中天数没有什么神奇的地方,神奇的地方是与趋势保持一致。问题是许多交易者喜欢争论,喜欢挑战趋势。他们认为买在绝对的底部才能赚大钱。这是完全正确的想法,问题是买在绝对底部几乎是不可能的事。

我能想起两个或三个其他的表现价格运动的图形,这里没有介绍,也许其他人知道。我敢肯定,通过介绍一些新的图形可以赚到很多钱。每隔几年,就会有新的介绍图形的书出版,如果是我的话,宁愿用它们来赚钱而不是卖它们赚钱。

看图的秘密是跟上趋势,如果你想赚钱的话就要紧紧跟随趋势。

图表形态和其他

一旦你掌握了各种各样的图形,你就会好奇这些图表形态是否会像图表分析者所吹嘘的那样有用。下面你将听到楔形、三角旗形、旗形、三角形、头肩形、矩形、三重顶、双重顶和其他各种我以前没注意到的图形。一种上升的楔形被认为是代表熊市的到来,开始时价格在底部的波动大,当价格上升的时候波动缩小。相反,没有确定斜率的对称三角形不代表牛市或熊市,有明确斜率的上升楔形代表着熊市。关于这方面内容最好的书是托马斯·巴尔库斯基(Thomas Bulkowski)的《图表形态百科全书》(*Encyclopedia of Chart Pattern*,Wiley,2000),上面列出了 11 种楔形。

表 14.1 是最常见的图形模式,也许透过超级力量正在做的事情,它们会呈现出更多的意思。

表 14.1　　　　　　　　　　　　图表形态

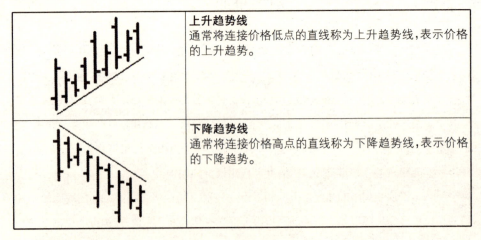

	上升趋势线 通常将连接价格低点的直线称为上升趋势线,表示价格的上升趋势。
	下降趋势线 通常将连接价格高点的直线称为下降趋势线,表示价格的下降趋势。

续表

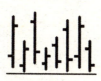	**支撑线** 一条位于价格底部的水平线,在这个价位的买盘很多,足可以抵御卖出的压力。因此当价格下降到支撑线的时候会发生反转,重新开始上升。支撑线可以在图上通过前面的一系列低点识别出来。
	压力线 一条位于价格顶部的水平线,在这个价位卖出压力大于买入,因此,当价格上升到压力线的时候会掉头向下。压力线可以在图上通过前面的一系列高点确定出来。
通道	
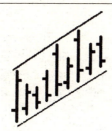	**上升通道** 上升通道由两条平行的价格阻力线和支撑线组成,这两条线分别是价格的顶部和底部,与单边通道不同,上升通道的价格顶部和底部是同时上升的。
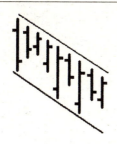	**下降通道** 下降通道由两条平行的价格支撑线和阻力线组成,这两条线分别是价格的底部和顶部,与单边通道不同,下降通道的价格顶部和底部是同时下降的。
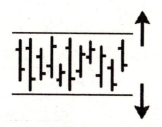	**横向通道** 横向通道是一种同时体现支撑位和阻力位的图线组合。其中,支撑位即最低价,阻力位意味着最高价格。

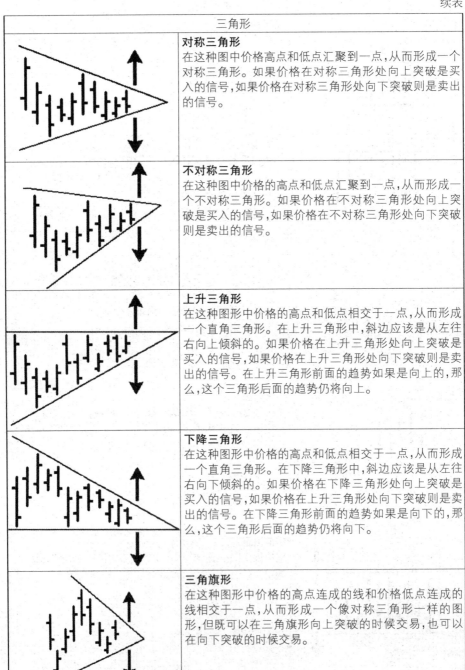

	三角形
	对称三角形 在这种图中价格高点和低点汇聚到一点,从而形成一个对称三角形。如果价格在对称三角形处向上突破是买入的信号,如果价格在对称三角形处向下突破则是卖出的信号。
	不对称三角形 在这种图中价格的高点和低点汇聚到一点,从而形成一个不对称三角形。如果价格在不对称三角形处向上突破是买入的信号,如果价格在不对称三角形处向下突破则是卖出的信号。
	上升三角形 在这种图形中价格的高点和低点相交于一点,从而形成一个直角三角形。在上升三角形中,斜边应该是从左往右向上倾斜的。如果价格在上升三角形处向上突破是买入的信号,如果价格在上升三角形处向下突破则是卖出的信号。在上升三角形前面的趋势如果是向上的,那么,这个三角形后面的趋势仍将向上。
	下降三角形 在这种图形中价格的高点和低点相交于一点,从而形成一个直角三角形。在下降三角形中,斜边应该是从左往右向下倾斜的。如果价格在下降三角形处向上突破是买入的信号,如果价格在上升三角形处向下突破则是卖出的信号。在下降三角形前面的趋势如果是向下的,那么,这个三角形后面的趋势仍将向下。
	三角旗形 在这种图形中价格的高点连成的线和价格低点连成的线相交于一点,从而形成一个像对称三角形一样的图形,但既可以在三角旗形向上突破的时候交易,也可以在向下突破的时候交易。

续表

楔形

	上升楔形 当价格高点的连线和低点的连线相交于一点就会形成一个上升的楔形。在上升楔形中两条线都是向上倾斜的,而且低点的连线比高点的连线更陡。如果价格在上升楔形处向上突破是买入的信号,如果价格在上升楔形处向下突破则是卖出的信号。在上升楔形前面的趋势如果是向下的,那么,这个上升楔形后面的趋势仍将向下。
	下降楔形 当价格高点的连线和低点的连线相交于一点就会形成一个下降的楔形。在下降楔形中两条线都是向下倾斜的,而且高点的连线比低点的连线更陡。如果价格在下降楔形处向上突破是买入的信号,如果价格在下降楔形处向下突破则是卖出的信号。在下降楔形前面的趋势如果是向上的,那么,这个下降楔形后面的趋势仍将向上。

旗形

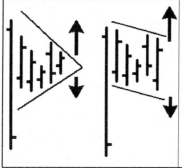

	上升旗形 上升旗形由几条价格线组成,这些价格线高点的连线和低点的连线是平行的,并且都向下倾斜,上升旗形可以通过它们特殊的形态和前面的趋势识别出来。上升旗形形成的趋势是向上的。利用这种图形交易的时候把价格定在向上突破点或向下突破点,并把止损点定在另一个突破点上。

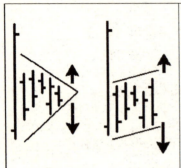

下降旗形

下降旗形由几条价格线组成,这些价格线高点的连线和低点的连线是平行的,并且都向上倾斜,下降旗形可以通过它们特殊的形态和前面的趋势识别出来。下降旗形形成的趋势是向下的。利用这种图形交易的时候把价格定在向上突破点或向下突破点,并把止损点定在另一个突破点上。

头部和底部形态

1—2—3(A—B—C)头部

如果价格向下突破 2 点的位置,趋势将由上升转为下降。

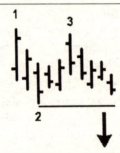

1—2—3(A—B—C)底部

如果价格向上突破 2 点的位置,趋势将由下降转为上升。

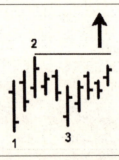

头肩顶

如果价格跌破颈线,趋势将向下反转。

续表

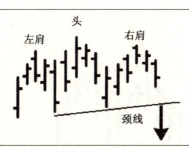

头肩底

如果价格向上突破颈线,趋势将向上反转。

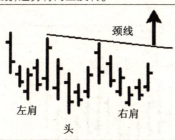

双重顶

双重顶的出现意味着趋势将向下反转。

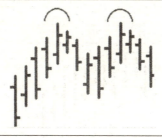

双重底

双重底的出现意味着趋势将向上反转。

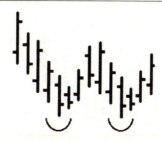

三重顶

三重顶的出现意味着趋势将向下反转。

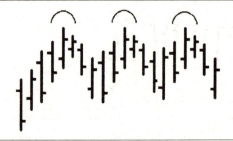

三重底

三重底的出现意味着趋势将向上反转。

圆形顶

圆形顶意味着趋势将由上升向下降反转。

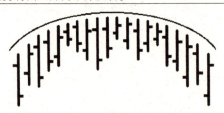

圆形底

圆形底意味着趋势将由下降向上升反转。

按照我的理解,这些模式更多的是图形的函数,而不是市场运动的密码。图形形态不需要解密就可以预言我们的未来。你可以用任何数据做出图形分析者论述的图形形态,那么哪个是真实的呢? 如果同样的图形既可以描述猪排又可以描述芝加哥的温度变化,那我们做的图形还有价值吗?

支撑和压力

通过图的顶部画一条线,也许会激起世界上图表分析者的愤怒。那些受到蛊惑的可怜的家伙们认为市场会在他们的图表上寻找支撑和压力。有许多系统声称可以通过价格或时间的比率来确定市场的反转点。我没有时间和兴趣去推翻它们,所以,我将主要反驳最流行的一种带有神秘色彩的主张,即市场的运动遵循一种叫斐波纳契比率的东西。

对斐波纳契的批判

像许多新手一样,我听说过那种比率,并且像书上介绍的那样使用它们,结果我赔了钱。我也使用过其他的比率和经过优化的斐波纳契比率,结果赔了更多的钱。这种方法的提倡者向我保证过会管用的。我和其他使用斐波纳契比率的交易者交流后发现我们有共同的地方,他们像我一样赔了钱。下面让我们看看这个比率和它的历史。

斐波纳契比率是通过观察兔子繁殖的比率发明的,兔子和股票竟然有共同的地方! 这个比率隐藏在一列数字中,在这列数中每一个数都是前面两个数的和。如1,1,2,3,5,8,73,21,34,55 等。

这个数列是由生活在 1170～1250 年的意大利数学家斐波纳契发现的,它被证明在数学和自然科学的许多不同领域是有用的。很高兴在几年前,我和我的拍档路易斯·斯坦普顿(Louise Stapleton)一起在意大利比萨的斐波纳契林荫大道上散过步。所有我能想到的就是他是否能想到搞股票的家伙会使用他发现的比例。

比例交易者谈及的是什么呢?

斐波纳契数字和几个比例是有联系的,最常见的关系是:

$$1/1 = 1$$

$$2/1 = 2$$

$$3/2 = 1.5$$

$$5/3 = 1.666\,6\cdots$$

$$8/5 = 1.6$$

$$13/8 = 1.625$$

$$21/13 = 1.615\,3\cdots$$

$$34/21 = 1.619\,0\cdots$$

假如你继续这个计算过程足够长的时间,比值会缩小。它们会越来越接近一个数字,但是永远不会达到这个数字。当这种现象发生在数学中时,有一个名称叫作"极限"。你可以说当数字越来越大时,斐波纳契数字的极限比例就是黄金分割的定义。黄金分割比例的精确值是$(1+\sqrt{5})/2$,约等于 1.618 033 9。

我不知道你是否研究过代数,是否了解二次方程和解方程的技巧。假如你对这些东西熟悉并且感兴趣,你也许需要研究以下情况:

斐波纳契数字的比例越来越接近黄金分割比例,但是它们永远达不到黄金分割比例。你可以这样证明,假如斐波纳契数字的比例达到黄金分割比例,那么它们不会再改变,但是从那以后将永远等于黄金分割比例。

关键的比例是斐波纳契数字一直是前面数字的 1.6 倍(或者接近 1.6 倍):1.6 乘以 5 等于 8。还有一个关键数字是 0.38,比如 13 的 0.38 是 5,13 减去 5 得 8。图表工作者把这些数字看作是回调点,会告诉你市场将会在这些点位以同样的方式回调。斐波纳契数字序列是把前面最近的两个数字按顺序加起来产生后一个数字(1,1,2,3,5,8,13,21,34,55)。序列的最先三个数字通常为了分析的目的会舍弃。这个数字序列创造了一些有趣的数学关系,最常使用的是:任何数字和下一个更大数字的比例接近一个常数值 0.618(例如,34/55=0.618,55/89=0.618);另一个有用的常数值是 0.382(例如,21/55=0.382,34/89=0.382)。对于这些,熟悉数学知识的人知道,0.382 是 0.618 的另一面(也就是,1−0.618=0.382)。

图表观察者使用斐波纳契比例的方法,是在高点或者低点开始运用比例 0.618、0.50、0.382 画水平线。这些线通常在辨别回调点时是有用的,在这些回调点可以买进或者卖出。我们使用 35～90 的价格区间,总的区间长度是 55。斐波纳契比例使用者相信市场会跌回区间长度 55 的 0.38(即 68.9),55 的 0.5(即 62.5),或者折回 55 的 0.62(即 55.9)。

明白了没有? 一个市场在上升时,我们可以在回调到这些斐波纳契数值水平时买入。当然,假如这些斐波纳契数值水平被打破,那么回调会继续,或者回调到下一个斐波纳契数值水平。

在互联网上能快速查找到说明这个方法的一些广告式的用语。一些比广告还要夸张,但其原理就是我所解释的方法。广告用的说法有"魔术方法""预测市场并取得胜利""使交易变容易"等,各种各样的宣传都说这些数字多么伟大,或者根据它们进行交易是多么容易。

不要陷在里面,不是想象的那样。这里有我几年前写的报告。我肯定捅了马蜂窝,但是事已至此,我将告诉你这些事实。

最好的说法是,斐波纳契是一个糟糕的工具,最差的说法是,它在愚弄人

我有许多使用斐波纳契数列的朋友,一些人还写了关于它的书,还有一些人靠这些数字谋生。他们都是好人,我将告诉你的是很明显的证据,这些证据说明斐波纳契数列中被认为支撑点的是不显著的。

从 18 世纪早期以来,这些数字就使得市场参与者们议论纷纷,因此,我在这里花了很多时间去说明这个有 100 多年的信仰体系。但是那就是我将去做的,就在这里、在你的眼前。

斐波纳契的追随者们把他们的赌注放在比值 0.618(或者约等于 0.62)上。斐波纳契序列的每一个数字大约是前一个数字的 1.618 倍,是后一个数字的 0.618。假如我们用 21 除以 34 大约可以得到 0.62。用 34 除以 21 我们可以大约得到 1.62。

退回一步,用 8 除以 21 可得到 0.38,又一个广泛运用的斐波纳契数字。

他们为什么说斐波纳契数字是有用的

这个阵营的真正支持者已经一次又一次地写道:当市场上升时,确定的回调会在上升趋势的一个百分比处停止。假如价格从 30 反弹到 80,反弹幅度为 50,那么这次反弹的回

调应该(他们说"必须"或者"将会")在50的0.38、0.50或者0.62处。假如是从低点30开始的下跌,那么它应该在50的1.38%或者1.62%处停止。我想这是对斐波纳契先生的追随者的基本公正的阐述。

同时许多斐波纳契支持者相信,这些追随者在他们的假设上犯了错误。回调理论说明,在正常的回调水平,我们会发现进一步的价格运动存在明显的阻力,而不是价格运动必须在那里停止。这两者之间存在巨大的差别!这是一个代价巨大的错误,通常没有经验的交易者和技术分析人员会犯这种错误。回调的位置是一个很好的设置多头止损和空头止损命令的位置。

拿稳你的拿铁咖啡,系紧你的安全带,因为我们要出发了。

图14.11是杰夫·帕伦特(Jeff Parent)画的一张图,它展示了对标准普尔500股票上升时出现的回调位的检验。它说明一次上涨的回调几乎可以是在任何点位停止!(谢谢,杰夫,来自我们所有的人。)

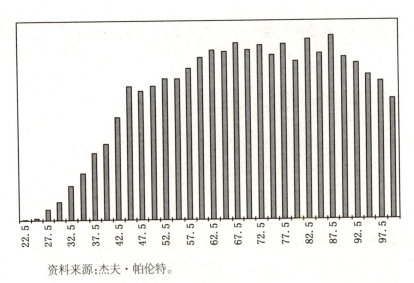

资料来源:杰夫·帕伦特。

图14.11 斐波纳契比值

假如斐波纳契比值确实是精确的,我们至少应该看到回调在38%、50%和62%的地方聚集。

这里是杰夫必须要说的关于他的研究:

这是柱状图,它说明了上升运动的回调百分比。我试用了20%过滤值的zigzag函数来寻找高点和低点。这些都代表了从当前高位的回调。它们是从1997年到现在的标准普尔500成分股中精选出来的,一共收集了8 000个数据。柱状图的间隔是2.5%。

我没有使用标准普尔500指数;我使用了标准普尔500指数中的股票。这就是我得到8 000个数据的原因。对于交易价格低于9美元的股票,我发现在50%和两个斐波纳契数值附近有一些聚集的现象。这些看起来比较重要,因为我能看到柱状图上有击穿现象发生,然而并不能创造出什么系统去利用这些现象……它发生的频率不够频繁。

图形告诉我们什么

好吧,这里图形确实没有说明最困扰我的东西。我们的确看到大量低价股的回调聚集在那些惊人的斐波纳契回调位置。

我们看到的是市场可以回调到和反弹到任何百分比水平。在斐波纳契数值附近没有出现聚集现象。反弹最大的数值是87.5%,超出了任何斐波纳契数学方式计算的范围。魔术般的0.38没有任何阻止下跌的能力,0.62也意义不大。我一点也看不出对交易者来说在这里能挽回损失。

如果那些证据还不够的话

我所知道的一切表明杰夫的研究是有缺陷的。但我不这样想,好的研究是进行证实。我的下一个步骤是亲自动手检验一下标准普尔500成分股。我标出了全部5%或者高于5%的波动,这种波动吉尼斯金融数据服务(www.gfds.com)叫做之字形指标(Zig Zag),它是用来追踪所有这些波动的。

我观察了两个不同的阶段,1992~1994年和2002~2003年。我测量了每一个多于5%的上涨,注意了上涨后下跌出现的低点停止在什么地方。然后我用下跌数值去除以上涨的数值得到了实际回调的百分比。第一个例子(见表14.2)表明,在1992年10月5日出现了一次上涨,是从696到749。确定的下跌是停止在732,因此数学计算是:(749−732)除以(749−696)……或者17/53,它等于32%。在这个案例中,答案是接近但不等于38%的斐波纳契水平。

表 14.2   **1992～1994 年 5％回调比值测试**

日　期	最低点	最高点	回调低点	回调百分比
1992 年 10 月 5 日	696	749	732	32
1993 年 1 月 8 日	732	756	754	98
1993 年 2 月 18 日	734	763	737	89
1993 年 4 月 26 日	737	761	737	100
1993 年 7 月 6 日	746	768	753	68
1993 年 9 月 21 日	753	775	758	77
1993 年 11 月 5 日	758	786	736	178
1994 年 4 月 4 日	736	764	739	89
1994 年 6 月 24 日	739	778	747	79
1994 年 10 月 5 日	747	774	741	122
平　均				84

表 14.2 和表 14.3 表明了在随后修正的波动中的所有上涨和它们停止的点位。

表 14.3   **2002～2003 年 5％回调比值测试**

日　期	最低点	最高点	回调低点	回调百分比
2002 年 7 月 24 日	776	905	825	57
2002 年 8 月 5 日	825	959	863	71
2002 年 9 月 5 日	863	920	809	194
2002 年 9 月 24 日	809	835	792	165
2002 年 9 月 30 日	792	848	761	155
2002 年 10 月 10 日	761	920	864	35
2002 年 11 月 13 日	864	948	862	102
2002 年 12 月 30 日	862	925	800	198
2003 年 2 月 13 日	800	834	783	150
2003 年 3 月 12 日	783	891	837	50
平　均				118

就像你看到的那样,我检验了每个时间段中 10 次上涨过程。结果不支持斐波纳契理论,在 20 个例子中仅有两次下跌是接近斐波纳契数值,一个是 62％,另一个是 35％。

1992～1994 年样本的平均下跌幅度是 84％,而 2002～2003 年研究的平均下跌幅度是上涨的 118%。

这样一个糟糕的结果促使我去检验波动仅为 2% 的变动。表 14.4 说明了对于 2003 年数据的研究。

表 14.4   **2003 年 2%回调比值测试**

日 期	最低点	最高点	回调低点	回调百分比
2003 年 3 月 12 日	783	891	837	50
2003 年 3 月 13 日	837	900	857	68
2003 年 4 月 10 日	857	915	894	36
2003 年 4 月 25 日	894	905	896	81
2003 年 5 月 1 日	896	935	913	56
2003 年 5 月 8 日	913	945	907	118
2003 年 5 月 20 日	907	1 004	968	37
2003 年 6 月 9 日	968	1 011	957	125
2003 年 7 月 1 日	957	1 006	979	55
2003 年 7 月 10 日	979	1 011	970	128
平 均				75

平均的下跌水平是 75%，没有直接触及 0.62 和 0.38。事实上，在 30 个随机选出的波动中，仅有两次出现过比猜想的魔术般的数字 0.62 和 0.38 多或者少一个百分点。有一本书写到出现魔术般数值回调的概率是 50%，并且那里就是买入的机会。

一些书、一些方法就是依据了这项研究的成果。在 30 次波动中，有 5 次停在了 50 到 60 之间。换言之，在图上并不是 17% 的波动回调停在了猜想的"甜蜜点位"。三次回调检验的平均值是 91%。

最后，我提供了标准普尔 500 指数中划分出来的价格波动（这些线是服从价格的形态），上涨都受阻于水平的虚线（见图 14.12）。实线是所有重要的斐波纳契数值，就是下跌比例 0.38、0.50 和 0.62 的地方。就像你看到的那样，许多书和顾问宣称这些水平是一定不会出错的买入区域。

在深夜清醒过来

就在我写这个之前，我刚从熟睡中醒来，有了我的最后一个想法，我这次必须使用小

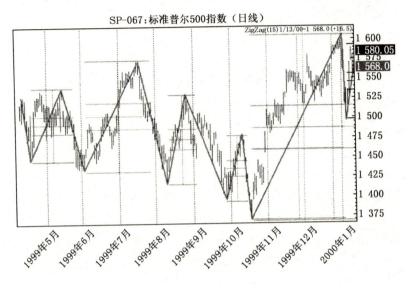

资料来源:吉尼斯金融技术有限公司(www.GenesisFT.com)。

图 14.12 标准普尔 500 指数

时数据柱状图来进行同样的检验。斐波纳契群体在这些柱状图中是庞大的(我宁愿一些人忽略这些海洋般的数据)。

因此我再次划出了从 2004 年 12 月到 2005 年 1 月底的重要的波动点位,把它们在表 14.5 中记录了下来。我将用事实来说明。

表 14.5   **60 分钟线的回归调试**

日　期	最低点	最高点	回调低点	回调百分比
2004 年 12 月 4 日	1 103.5	1 123.5	1 115	42
2005 年 1 月 7 日	1 115	1 130.5	1 119.1	73
2005 年 1 月 9 日	1 119.1	1 128.5	1 114.2	152
2005 年 1 月 13 日	1 114.2	1 142.2	1 133.5	31
2005 年 1 月 21 日	1 133.5	1 149.3	1 135.3	88
2005 年 1 月 23 日	1 135.3	1 155	1 121	172
2005 年 1 月 29 日	1 121	1 133.5	1 126	60
2005 年 1 月 30 日	1 126	1 142	1 123	118
平　均				92

也许你可以看到一些所有这些数字中的规律或者原因,但是我一生都不能做到这点。在图中画出足够的线,它们中的一些会被触及。记住这项研究中,我仅仅测量了上下运动的终点(反弹也许会沿着这些路线发生),那代表了最好的买入点,没有任何失误,我认为这样使得这项研究更加重要。

一位"真正的斐波纳契者"最近给出了斐波纳契技术的证明。我建议你仔细地去读一读:

Protrader 自动交易系统可以自动生成斐波纳契数列,使用 40 时间框架去交易迷你指数时,斐波纳契数值水平令人惊异的准确。同样的现象也发生在债券和货币品种上。下一个挑战是,一旦斐波纳契数值水平在上升的过程和反弹中被触及,那么它是反转还是冲过到下一个斐波纳契数值水平。但是很少会发生价格停顿,然后反弹离开自动的斐波纳契数值水平。

要强调的是我的东西。那难道不是一直在问的问题,它是往上还是往下呢?我是这样想的,假如它不告诉我们将要发生什么事,那些东西即使令人惊异的准确也是没有意义的。停下来想一想吧,伙计们。

斐波纳契回溯法的目的在于预测价格波动受到进一步显著阻力的位置,而非阻止价格下滑本身。

我需要说更多吗?是的,我会的。不要只是接受我关于这个问题的言论,用电脑去自己检验一下。"信任并查证"一直是这个领域最好的方法。这些数字是工具,但是它们没有能力让一次上涨后的回调终止。也许它们有助于表明,反弹即将来临,停止的位置应该或者不该在那里,但是我没有发现证据表明市场反弹会发生在这些魔术般数值水平。

感谢杰夫·帕伦特、戴夫·斯泰克勒(Dave Steokler)、汤姆·狄马克(Tom DeMark)对这份报告的输入和帮助。

不要误解我关于图形的说法

我最想做的就是有一个适当的地方去保存和研究图形。毕竟,我一生中大部分时间在做这件事。我仅仅是劝告你要小心些,把它们运用到该用的地方:市场活动的图形。

我不认为价格本身是投机艺术的答案。我读过的最好的关于投机的书是马克斯·贡特尔(Max Gunther)的《苏黎世定律》(*Zwrich Axioms*, Penguin, 1985)，它说到了问题的要点，警告我们小心图形分析员的幻想，这些人认为图形和价格活动是对未来的预测。你可能听到很多关于图形可以预测价格走势的说法，但是我警告你接触这些诱惑时，应该带有理智的好奇心和健康的怀疑态度。

当我寻找这些形态时，我的任务就是把它们放在趋势和交易员持仓报告数据的环境下，而不是把它们当作如何进行买卖的很好的答案。我交易的时间越长、年龄越大，就越能认识到我以前的错误和我继续在犯的错误，所有这些错误都是由同样的原因造成的。我没有试图去研究整个领域，而是试着去使我的理论用到合适的地方，而不是探索更多的领域。

嗯，看看那些就像看图一样。多多少少有些东西你是能理解和解释的(图表阅读)。你想明天下午会有一些钱容易挣。是的！你能看见它。图形甚至会告诉你到哪里去——我的家。这是非常清晰的事。除了一件事，什么时候这样的好事才会发生？难道能说明白吗，你能吗？欢迎来到图的世界。

第十五章

理论联系实际

——照着我说的去做吧

实践是最好的导师。

———普布利柳斯·西鲁斯(Publius Syrus,公元前 100 年)

　　没有什么再多的东西可以谈论的,我确定我不想被指责为只会吹牛。因此,让我们把注意力转到过去几年出现的一些主要机会上。可以肯定的是,期货市场将会有类似的机会,当持仓量和商业头寸交易者的买卖盘以同种方式不断增加时,我们就可以判断出市场的大致方向。

　　那样做有些理想化,这些机会也不能每几个星期就出现,机会出现需要花费时间。但是我们有 30 个活跃的市场去追踪,你几乎总是可以找到一个潜在的交易机会。当持仓量处于低水平,商业头寸交易者的净头寸为买入时,机会就出现了。

　　"低水平"听起来有些主观,事实上也的确如此。因此,你也许想去使用前面我描述过的持仓量工具,或者去寻找那些非常低水平的持仓量。如果有这样的想法,请看图15.1。进一步看看你的书上是否标出了这些机会。哦,你也许注意到了图形并没有展示债券价格的走势。不要介意,你很快就能看到这些内容,但是首先我想确定你已经能够辨别我想找的持仓量/交易员持仓报告模式。

　　图 15.1 通过一条零刻度线来划分商业头寸交易者的头寸,它表明在零刻度线以上时,商业头寸交易者的头寸是净多头;在零刻度线以下时,商业头寸交易者的头寸是净空头。也许你会回忆起来,我们不关心商业头寸交易者的净头寸的具体数值,这是我们使用指数方法的原因。在图 15.2 中我也划分了时间跨度五年的持仓量的高低水平。希望你在书上沿着相同的线做标记。我不是这方面的大师,但是我希望我们标出了相同的地方。如果我们这样做了,那就意味着你是个好学生,而我是个好老师,这些材料不像其他晦涩的材料那样极端的主观。

　　好的,那么你要怎样做呢?你画的大多数线是否得出了和我相同的结论呢?我打赌这些线得出了结论。做得好!我喜欢在美国债券市场交易,因为市场的保证金低,同时美国债券市场与其他市场联系紧密,并且有足够大的交易量,这样我经常可以没有太多

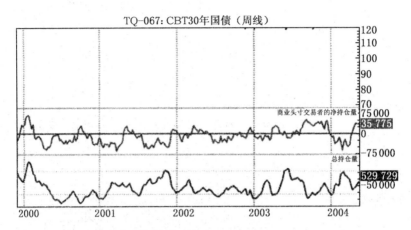

资料来源:吉尼斯金融技术有限公司(www.GenesisFT.com)。

图 15.1 国债走势

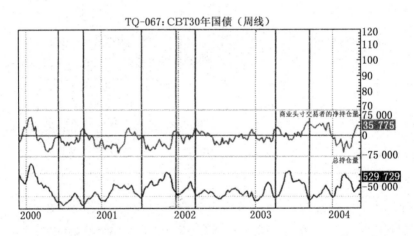

资料来源:吉尼斯金融技术有限公司(www.GenesisFT.com)。

图 15.2 国债走势

问题地进出市场。这些机会通常在一定程度上有规律性,就像你做的一样,几乎每个人一旦知道他们需要寻找的规律,就能把它找出来。我们已经做好在这些时点买入的准备了吗?

成为大师的又一个阶段

有一个更关键的内容——市场的趋势。我有意没有展示债券市场的价格,因为我想你能意识到我们没有必要盯着价格走势,也不需要解释价格的图表形态。那些流行的形态就像我看到的一样是市场总持仓量和交易员持仓报告的基础形态。下一个步骤简单,我们必须指出价格是否在我们画出的地方处于上升趋势。

价格是处于上升趋势还是下降趋势?趋势是什么?我们怎样才能更清楚地辨别趋势?这些都是很好的问题,就像其他问比答容易的好问题一样,答案是存在的。因为我们观察的是每周价格的图表,所以我们可以使用每周收盘价的一个长期移动平均值,来帮助我们看清真实的趋势方向。例如,可以像下面部分一样描述:一个债券价格 39 周移动平均值……到目前为止,我们还没有观察债券的价格,它们将是我们最后研究的东西,因为价格是如此的具有欺骗性。移动平均线可以向上、向下或者水平。如果移动平均线是向下的,我们不能买入;如果向上,我们可以买入;如果移动平均线是水平的并且价格是下降的,我们可以买入;最后,假如每周的价格是在移动平均线上方而且趋势是上升的,那么我们可以买进。

图 15.3 是移动平均线图,它描述了债券的价格,有助于我们进一步选择进入市场的时机。

现在还有任何关于趋势的疑问吗?我们确信观察价格的平均值比观察价格要简单。最后让我们回顾一下整个过程,这样你可以了解哪里会有机会,什么样的债券价格的确服从我教给你去寻找的总持仓量/交易员持仓报告模式(见图 15.4)。你也许注意到了仅仅一个机会的潜在利润就使你成为这篇文章的一个追随者。这是正常的,不正常的是一个交易者或者投机者参与整个漫长的交易过程。

同样问题的不同观点

我们打算玩这个游戏更久些——我建议你们一定要完成这个练习,因为这样你们才能把这些技巧深深地印入脑海中。我们将首先从总持仓量和交易员持仓报告的净头寸

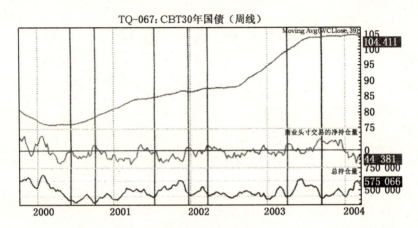

资料来源:吉尼斯金融技术有限公司(www.GenesisFT.com)。

图 15.3　国债走势

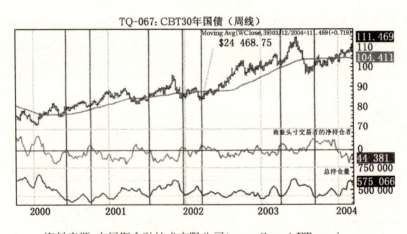

资料来源:吉尼斯金融技术有限公司(www.GenesisFT.com)。

图 15.4　国债走势

开始,就像我们在债券市场做的一样,但是这次我甚至不会告诉你市场的情况。只是告诉你如此情况,总的持仓量是低的,并且交易员持仓报告中的持仓量相对来说是高的。让我们现在就那样去做(见图 15.5)。

　　我和你做同样的练习,因此,当牛市交易员持仓报告/总持仓量走势图做出时,我将展示自己画出的东西,就像我看见它一样。我希望我就在那里,我们都发现我们得出了

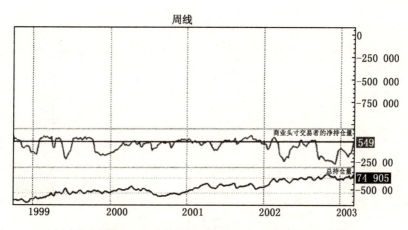

周线

商业头寸交易者的净持仓量 549

总持仓量 74 905

资料来源:吉尼斯金融技术有限公司(www.GenesisFT.com)。

图 15.5　持仓量和交易员持仓报告中的净持仓量

相同的答案,我们是多么相近啊! 图 15.6 就说明了我指出的情况。

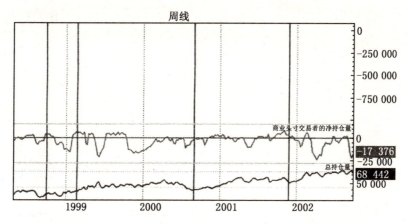

周线

商业头寸交易者的净持仓量 −17 376

总持仓量 68 442

资料来源:吉尼斯金融技术有限公司(www.GenesisFT.com)。

图 15.6　趋势图持仓量和交易员持仓报告中的净持仓量(标注后)趋势

　　我们可以达成一致吗? 我画出的垂线和你们的一样吗? 你们是否赞同我标记的地方表明了交易员持仓报告提示的买入点,此时总持仓量处于低水平。我确实希望如此。注意,我非常确信它们是有用的,这并不是难懂的火箭科学。

　　所有遗留的问题就是看价格趋势,从中找到这些机会,并利用这些机会买入任何商品。这些机会可以参见图 15.7。

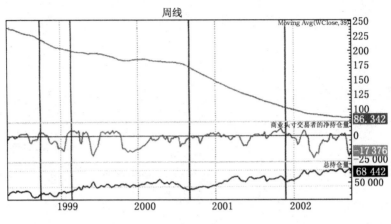

图 15.7　趋势(标注后)

嗨,看看它们! 有时候机会是存在的,但是价格处于下降趋势,因此,我们不能把它们作为买入点。唉,我想做多有 5 年了,但是一直没做成。假如我不能做多,我可以卖空吗? 好的,当然行。假如总持仓量是高的,同时交易员持仓报告表明商业头寸交易者的头寸是卖出的,就可以做空。根据这些,我在图 15.8 中标出了潜在的卖出时机。我们知道这种趋势叫作卖出趋势,但问题是:是否存在无论如何一定要卖出的时机呢?

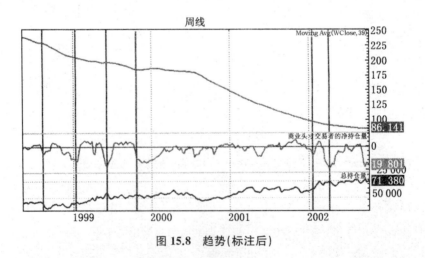

图 15.8　趋势(标注后)

当我看图时,我画出了 6 个时点,在这些时点,交易员持仓报告中的持仓量相对较低,而总持仓量相对较高。在 5 年时间里,只有 6 次和我们预想的一样是正确的,我设想的理想情况是市场只有 3 个最重要的影响因素:趋势、超级力量(交易员持仓报告)和通常出错的散户(总持仓量)。我猜想我们最好看看现在发生了什么情况,在现实中它是不是确实有用,事实是怎样变化的(见图 15.9)。

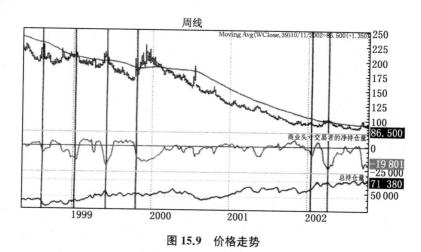

图 15.9　价格走势

首先,让我们确定一下市场,我们以咖啡市场为例。这是一个典型的既疯狂又温和的市场,流动性也不高。因此,市场存在许多波动性下滑,特点是存在许多非常快速或爆发性的下滑。这个市场不适合初学者。但是我的方法在这个市场像在其他市场一样有用。规则绕过了所有的买入,感谢趋势先生起了作用,6 个买入时点中,有 5 个是正确的。1999 年底的那个时机有些早了,但是它确实预测了咖啡历史上最大的价格下跌。

假如我们明智地在 1999 年年底卖空一手咖啡,那么1 500美元投资的潜在收益超过34 000美元。多么伟大的机会! 我们的工具清晰地预测到了。不过你能长期持有这个头寸吗? 我怀疑你不能,我自己就没有做到。

我可以不停地举一个又一个例子,但是要想有更好的效果,你应该找一本图表或者打开你的电脑去寻找,并学习这些图形的作用。有几个软件提供商,例如 TradeStation 或者 eSingal,有大量的数据。但是最完整的是吉尼斯金融数据服务(www.gfds.com)。我认为最好花些金钱和时间学习这些工具,不需要进行交易,这样比你试图一下子进入最复杂的部分要好。你也可以访问网站 www.ireallytrade.com,我会在拉瑞直播视频(Larry Live Video)上展示更多的例子。

　　市场是一直存在的,机会也是一直存在的。时间在你这一边。在你开始交易之前要掌握交易的技巧和过程,然后你就可以进入交易了。

　　我希望你能享受这本书,这会有助于你和你的家庭。我们通往财富的路会在未来交汇。

译后记

本书的面世凝结了大量人士的心血:我的研究生杨敏敏、王凯玲、王天文、董海龙;我在浙江工商大学的同事蒋美云副教授;中大期货的研究员李晓、葛明、郭希明、庞杰、吴欢、骆晓玲都参与了初期的部分翻译工作。上海中大经济研究院的研究员隆长军、楼晟;我的研究生洪凌志、李小忠、毕磊、倪彩龄参与了后期的部分校补工作。中大期货董事长林皓先生、总经理助理高辉先生在审校过程中就专业问题提出了许多宝贵建议。重印时,汪菁小姐做了校正工作,胡懿琼小姐也做了大量联络工作,在此表示感谢!翻译、校译过程虽然艰辛,但团队合作使我们既学到了知识,也增进了友谊,当然,如果书中出现不妥之处,主译应负所有责任。

感谢上海财经大学出版社总编辑黄磊先生的倾力相助,感谢责任编辑李成军先生不辞辛劳,在许多细节上与我所做的无数次沟通。

重译后记

　　《与狼共舞——股票、期货交易员持仓报告(COT)揭秘》中文版 2009 年初次面世时我国只有一些大宗商品期货上市交易,匆匆六年之后重译再版之时,我国已经有了规模巨大的股指期货市场乃至 ETF 期权产品,这部译著的价值当然会愈加凸显。

　　作为著名技术分析指标——威廉指标(W％R)——的发明人拉瑞·威廉姆斯当然首先是一位技术分析大师,其实技术分析就是以行为心理分析为特征的行为金融的数量化体现,而行为金融理论中最重要的就是"羊群效应",华尔街投资名言"不要和趋势抗衡,与趋势在一起"所表达的顺势而为精神就是要与能够形成趋势、推动趋势的力量在一起。本书名的直译应该是"和市场的内部人(Insiders)一起交易",所谓内部人是指美国商品期货交易委员会(CFTC)所发布的 COT 中的 Commercials,即相对于投机者而言的商品实际供应者和使用者,或曰套期保值者,他们是基于商品的供求而进入期货市场的,是市场的内部人,是强有力的参与者,可以比作丛林法则环境中的群狼,因此我们译为"与狼共舞",但我们也不能完全排除作者是否又有内幕交易者的意思,毕竟 Insiders 掌握着更多的信息,他们是否依靠这些信息非法牟利谁也不能妄断。拉瑞为如何与趋势在一起,运用美国的期货市场信息披露数据,提供了一个数量化的指标。

　　本书中文版面世后,我经常收到热心读者的来信,很多读者抱怨对中国投资者来说,无论是期货还是股票,中国市场的交易数据都不是很完善,一般散户根本就无法得到作者所说的数据。其实这个建议非常重要,如果我国证券监管部门以及交易所能够及时整理发布类似美国商品期货交易委员会的 COT 信息,不但投资者多了一个基本面、技术面分析的工具,2015 年 6 月后的股灾也不会发生得如此惨烈。2015 年端午节后,我国股市开始连续暴跌,起初证监会发言人还说是正常调整,到了 7 月份开始强力救市,降息降准、停发新股,中国证券金融公司开始用现金买入各种股票,大盘稍微反弹了一下,但到了 8 月中旬又开始暴跌,这时大家注意到股指期货是做空的风向标乃至成为源头,中国金融期货交易所采取包括调高交易保证金、提高手续费、调低日内开仓量限制标准等一系列严格管控措施调控股指期货,证监会和公安部还对可疑账户临时进行了限制,发现救市大本营中国第一券商中信证券居然与司度(上海)贸易有限公司暗通款曲做空 A 股,这个司度的母公司就是国际知名对冲基金 Citadel Global Tradings。十恶不赦的是,中信证券的高管还打着红旗反红旗,利用救市信息做差价牟取暴利,为了一己上百亿私利牺牲了数万亿元人民币的救市资金以及国家信誉。尽管当事人乃至证监会主席助理都受到了应有惩罚,但这一活生生的案例也证明了期货交易员持仓报告制度的重要性。

其实中信证券、司度贸易、证金公司等就是本书所谓的内部人(Insiders)或者狼群的典型,他们的力量在此次股灾中显现无疑,如果我国在 2010 年股指期货推出之初就完善COT 制度,不仅给予所有投资者一个"三公"的信息环境,这些内部人也不敢利用自己不受监管的特权为所欲为,害人害己了。希望重译后的《与狼共舞》能够推动我国证券期货监管制度的深化改革,给多灾多难的中国投资者一块净土。再次感谢上海财经大学出版社总编辑黄磊先生、责任编辑李成军先生不辞辛劳,在许多细节上的无数次沟通。

浙江财经大学证券期货发展研究中心主任　益智
于 2015 年国庆

译者简介

益智,男,金融学教授,经济学博士,应用经济学博士后。先后在上海证券交易所、上海证券报社、浙江工商大学工作。曾获国家留学基金管理委员会和学校共同资助,赴美国哥伦比亚大学做访问学者。现为浙江财经大学证券期货发展研究中心主任、上海中大经济研究院院长、浙江省高等学校中青年学科带头人、浙江省"新世纪151人才工程"第三层次人才、浙江省国税局特约监察员、中国致公党中央经济委员会委员、泸州老窖股份有限公司等上市公司独立董事。

研究方向:资本市场、金融经济学、公司金融学、投资学。

二、学习经历

1988～1992:浙江大学经济系,国民经济管理专业,经济学学士。

1992～1995:上海财经大学世界经济系,国际金融专业,经济学硕士。

2000～2003:上海财经大学经济学院,西方经济学专业,经济学博士。

2005～2006:中国社会科学院财经战略研究院,金融学专业,博士后。

三、主要讲授课题

金融市场学、公司金融、信托与租赁、投资银行学、股票操作实务、证券投资学、金融经济学、证券投资分析等。

四、科研成果

(一)代表性论文

1."我国股市牛熊市状态中偏股型开放式基金最优规模研究",《财贸经济》。

2."汇率波动的宏观经济变量归咎效应——基于投资者主观判断差异性的理论模型",《管理世界》。

3."我国偏股型开放式基金合理规模分析",《财贸经济》。

4."我国证券投资基金定投回报效应分析",《浙江工商大学学报》。

5."基于极值谱风险测度的金融市场风险度量",《商业经济与管理》。

6."基金费用结构对基金经理投资策略的影响研究",《证券市场导报》。

7."中国上市公司被动式资产重组实证分析",《管理世界》。

8. "利用期货投资基金规避证券组合风险的实证研究",《财经论丛》。

(二)主要著作与课题

主持教育部人文社科课题 1 项、浙江省哲学社科重点课题 1 项、浙江省哲学社科课题 3 项、上海证券交易所联合研究课题 5 项、上海期货交易所课题 1 项、其他各类副省级课题 3 项;与金融企业、上市公司合作横向协作课题 10 余项;参与国家自然科学基金项目 1 项、国家社科课题 1 项。

与上海财经大学出版社合作,出版专著《中国上市公司被动式资产重组实证研究》。主译"中大经济研究院·国际证券期货经典译丛",目前已经出版了《按图索骥》《与狼共舞》《至臻掘金》《量价秘密》《嘉利图形》《擒庄秘籍》《顺势而为》《超越随机漫步》等国际著名财经作家的著作 8 部;与中国人民大学出版社合作翻译《民主进程与金融市场:资产定价政治学》(当代世界学术名著),校译《与趋势在一起》;与中信出版社合作翻译美国前财政部长盖特纳回忆录《压力测试:对金融危机的反思》。是《建设银行报》《上海证券报》等报刊的财经专栏作者。

(三)获奖

"我国上市公司被动式资产重组实证研究",浙江省高校科研成果一等奖,2007 年。

五、联系方式

通讯地址:杭州下沙学源街 18 号浙江财经大学证券期货发展研究中心。

电子邮箱:*yyizhi@gmail.com*;1476519061@qq.com